ALLONS-NOUS RENONCER À LA LIBERTÉ ?

CARLO STRENGER

ALLONS-NOUS RENONCER À LA LIBERTÉ ?

Une feuille de route pour affronter des temps incertains

Traduit de l'allemand
par Laurence Richard

belfond

Titre original :
ABENTEUER FREIHEIT
Ein Wegweiser für unsichere Zeiten
publié par Suhrkamp Verlag AG, Berlin

Éditions Belfond,
12, avenue d'Italie, 75013 Paris.
Pour le Canada,
Interforum Canada, Inc.,
1055, bd René-Lévesque-Est,
Bureau 1100,
Montréal, Québec, H2L 4S5.

ISBN 978-2-7144-7830-6
Dépôt légal : février 2018

Belfond | un département **place des éditeurs**

place
des
éditeurs

Avant-propos

Peut-on encore sauver la civilisation occidentale?

Une soirée dans l'un des nombreux multiplexes qui, ces dernières années, ont poussé comme des champignons peut rapidement nous donner à penser non seulement que la société occidentale est irrémédiablement perdue, mais aussi qu'elle ne mérite peut-être pas d'être sauvée. Couloirs interminables, mannequins en plastique plus vrais que nature à l'effigie de stars du cinéma ou de héros imaginaires comme Batman ou Shrek, stands de snacks et de confiseries. Sans parler de l'odeur insistante du pop-corn, qui pousse des centaines de spectateurs à en acheter des sacs énormes, avant de se déverser dans les salles où, pendant une vingtaine de minutes avant le film, ils seront gavés de publicités et de bandes-annonces. Tout ça pour quoi? Le plus souvent, pour faire le constat, une fois le film terminé, que les millions dépensés en effets spéciaux ne visent qu'à masquer l'extrême médiocrité d'un scénario et ses nombreuses erreurs de logique. Comment ne pas conclure de pareilles expériences que la société de consommation occidentale court à sa perte? Une perte qui, en toute franchise – dût-elle advenir par le biais d'une catastrophe écologique ou d'une série d'attaques terroristes –, n'attristerait nul être se prétendant un tant soit peu attaché à la culture et à ses valeurs. Le même genre de pensée pourrait aussi nous effleurer l'esprit dans les centres commerciaux, ces autres temples de la consommation, ou en voyant ces milliers de jeunes qui n'hésitent pas à passer la nuit dans le froid – à croire qu'ils attendent le retour du Messie – pour être sûrs de se procurer le tout dernier modèle d'iPhone dès les premières heures de sa mise sur le marché. Et, en effet, de Michel Houellebecq à David Foster Wallace en passant par John Gray, les intellectuels et les écrivains sont nombreux non seulement à prédire l'effondrement de l'Occident, mais aussi à l'appeler quasiment de leurs vœux.

Cet essai vise à poser un diagnostic sur le malaise qui secoue le monde occidental. La plus belle réussite de cette civilisation est sans conteste d'avoir permis aux individus de décider librement de leur existence, tout en offrant une grande diversité de modes et de styles de vie.

Mais en fait, la mentalité actuelle, qui privilégie le plaisir et la consommation, est l'aboutissement d'une période historique assez improbable. À la fin de la Seconde Guerre mondiale, le monde occidental a bénéficié de décennies de croissance économique et de progrès technologique, inédites dans l'histoire de l'humanité. Pendant cette période qui s'est étendue sur trois générations, les individus ont considéré l'ordre libéral comme un acquis ; et le bonheur comme un droit qui, lorsqu'il leur était refusé, légitimait leurs revendications d'une vie meilleure, à l'adresse de leurs parents ou de la «société». Et quand cette vie meilleure était impossible, ils s'en remettaient à la pharmacologie et à la médecine afin qu'elles guérissent, ou tout du moins atténuent, les souffrances causées par une telle situation.

Voici l'une des thèses centrales de cet essai : la mentalité de consommateur et le manque de responsabilité citoyenne se fondent sur un mythe dont la formulation dans ses termes les plus prégnants revient à Jean-Jacques Rousseau : «L'homme est né libre et pourtant partout il est dans les fers.» Selon cette conception romantique de la liberté[1], chaque être humain est doté d'un Soi pur et authentique, et il suffit de le déployer pour réaliser pleinement son potentiel. Pour Rousseau, l'homme, quand il n'est pas perverti par la société, peut devenir un sujet responsable, libre et moral. Ce mythe du vrai Soi, qui sommeillerait ainsi en nous tous, est très fort dans la société occidentale depuis les années 1960 (y compris dans la psychologie populaire moderne,

---

1. J'emploie le concept de «romantique» en gardant à l'esprit les courants extrêmement divers qu'englobe, sur le plan historique, le romantisme. Mes propos ici mettent surtout l'accent sur un seul de ces courants. Pour en savoir plus, se reporter à «The Classic and the Romantic Vision in Psychoanalysis», *International Journal of Psycho-Analysis*, n° 70 (1989), p. 593-610.

à travers de nouvelles formulations sur lesquelles je reviendrai plus en détail dans la première partie).

Au mythe rousseauiste s'oppose une autre conception, déclinée depuis les philosophes grecs antiques de multiples façons : la liberté comme conquête arrachée après le labeur de toute une vie[1].

La discipline consistant à comprendre et reconnaître sa véritable nature, à discerner parmi nos désirs ceux qui sont nécessaires et ceux qui visent seulement à nous asservir, devrait être pratiquée au quotidien et ne serait accessible qu'à un petit nombre, ayant le goût, et de surcroît la volonté, d'entreprendre un tel travail. Cette conception se retrouve à la Renaissance chez Montaigne, exposée dans ses célèbres *Essais,* ainsi que chez Spinoza, dans le développement de sa pensée philosophique. Mais c'est à Sigmund Freud que l'on doit la formulation de la conception classique de la liberté[2] dans la langue des sciences modernes, avec l'essor de la pratique thérapeutique de la psychanalyse. Comme je le démontrerai dans la seconde partie de cet essai, les thèses freudiennes sont certes rejetées par les neurosciences cognitivistes modernes, mais pas leur postulat de base, à savoir que la liberté et le bonheur ne sont

---

1. Pierre Hadot, *La Philosophie comme manière de vivre*, Paris : Albin Michel, 2002.

2. Pour une analyse détaillée de la position classique et de Freud comme son représentant, voir Strenger, «The Classic and the Romantic Vision in Psychoanalysis», art. cit.

nullement des droits de naissance. Dans le meilleur des cas, la véritable liberté est une conquête, fruit d'un dur labeur, thèse que je défends ici à mon tour. Selon cette conception, la liberté personnelle et politique produit des créations culturelles extrêmement complexes imposant des exigences élevées aux membres des sociétés libres. Devenir adulte, dans sa dynamique, implique pour chacun de nous d'assumer de plus en plus de responsabilités, alors qu'il nous est de moins en moins, voire jamais, expliqué comment s'y prendre pour jouir d'une plus grande liberté. Nous choisissons nos obligations, ainsi que notre niveau d'engagement, et ce, dans toutes les sphères de notre vie : personnelle, sociale, professionnelle, publique.

Il s'agit là de l'une des réussites majeures de la société libérale. Dans sa célèbre conférence «Deux conceptions de la liberté», Isaiah Berlin, peut-être le plus important des penseurs libéraux du XXe siècle, qualifie cette dernière de «liberté négative» – à savoir une liberté dans laquelle ni l'État ni la société ne nous restreignent dans nos désirs de faire ce que nous voulons[1]. Il définit comme libérale une société dans laquelle les restrictions imposées à la liberté négative ne vont pas au-delà de ce qui est nécessaire pour éviter de nuire aux autres et pour assurer le fonctionnement de la société. Si l'on se réfère à la conception classique, la liberté négative

---

1. Isaiah Berlin, «Deux conceptions de la liberté», in *Éloge de la liberté*, Paris : Calmann-Lévy, 1988.

11

à elle seule ne suffit pas ; pour être véritablement libres, les individus ont également besoin de ce qu'Isaiah Berlin nomme la « liberté positive ». Alors que la liberté négative recouvre l'affranchissement des contraintes extérieures, la liberté positive correspond à la véritable autonomie de l'individu. Et celle-ci nécessite raison, savoir et discipline. La liberté négative n'exclut absolument pas que nous devenions esclaves de nos passions, de nos désirs, ou que nous soyons l'objet de manipulations extérieures. En revanche, la liberté positive fait la part belle à l'intuition humaine : nous ne sommes véritablement libres que lorsque nous parvenons à emplir la liberté négative de contenus que nous avons consciemment choisis. Raison pour laquelle nous considérons qu'il est de notre devoir d'élever nos enfants et de les empêcher ainsi de faire des actions susceptibles de leur nuire. C'est pourquoi aussi nous n'octroyons la majorité qu'à un âge où la véritable autonomie est possible.

Isaiah Berlin a souligné le danger majeur que représente le détournement par les régimes totalitaires du concept de liberté positive. Ainsi, l'histoire du communisme nous a montré qu'un régime peut être tout à fait convaincu que des classes sociales, par exemple la bourgeoisie, ne sont pas véritablement libres, qu'elles vivent dans la « fausse conscience ». Dès lors, il convient de les « rééduquer », ce à quoi s'emploie le parti omniscient. Pour Isaiah Berlin, le concept de liberté positive présente une grande pertinence tant qu'il n'est pas détourné. Et les phénomènes de désintégration que connaît le monde libre (la mentalité de consommateur et sa superficialité, ou encore le refus par un nombre croissant de citoyens de se tenir informés de la vie politique) montrent que ce concept possède aujourd'hui une fonction politique importante. Comme nous le verrons, la plupart des penseurs critiques de la société occidentale s'accordent sur le fait qu'une grande part des citoyens du monde libre ne prennent pas leur liberté au sérieux et ne sont pas disposés à défendre leurs opinions et l'ordre politique.

Les tenants de la conception classique de la liberté n'ont cessé d'expliquer que le concept de vrai Soi de Rousseau pèche non seulement par son postulat, selon lequel la liberté serait innée, mais aussi par la notion d'harmonie fondamentale de ce vrai Soi : si personne ne les restreignait dans leurs possibilités, les individus développeraient d'eux-mêmes des pensées justes, s'accompliraient dans un mode de vie épanouissant et jouiraient d'une existence dépourvue de conflits. Nul doute qu'il s'agit là d'une des illusions les plus profondément ancrées dans notre culture imprégnée de la pensée rousseauiste – et, dans cet essai, je m'emploierai à soutenir la position contraire. À l'instar des grands existentialistes du passé, je considère que le fondement de l'existence humaine est tragique. Nous sommes l'animal impossible, une créature dont la nature corporelle est vulnérable puisqu'elle vieillit et, à un moment donné, meurt.

À la différence de tous les autres animaux, nous sommes condamnés à la prise de conscience de notre liberté et de notre finitude, sans toutefois pouvoir réellement vivre avec cette conscience. En outre – et c'est ici qu'entre en ligne de compte la conception freudienne –, fondamentalement, l'être humain est en proie à des conflits insolubles. Dès lors, même dans les sociétés libérales, la liberté ne va jamais de soi, mais implique au contraire un cheminement spirituel et existentiel.

L'époque moderne a deux visages. D'une part, notre vulnérabilité s'est fortement réduite : grâce aux connaissances scientifiques et aux progrès techniques récents, nous nous nourrissons mieux, nous vivons et évoluons dans un environnement qui correspond de plus en plus à nos besoins physiques. D'autre part, les systèmes métaphysiques de consolation – au premier rang desquels les religions –, auxquels nos ancêtres avaient recours pour tenter de rendre supportables l'incertitude et la souffrance existentielles, ont été dénoncés comme des produits de l'esprit et de l'imagination des hommes. Certes, la beauté des lieux de culte continue de susciter notre admiration ; cependant, les Occidentaux savent pour une bonne part – même lorsque c'est seulement en marge de leur champ de conscience – que la foi au nom de laquelle ils ont été érigés n'est, en définitive, que pure fiction. Hobbes, Kant, Nietzsche, Sartre, Foucault et beaucoup d'autres se sont chargés, sans le moindre ménagement, de nous démontrer quelle place nous occupons dans ce monde, et qu'en fin de compte nous sommes livrés à nous-mêmes. Être convaincu aujourd'hui encore de la vérité absolue de l'un de ces systèmes nécessite une bonne capacité à s'illusionner soi-même.

À nous de décider quoi faire de cette nouvelle liberté. Nous pouvons certes déplorer la perte des certitudes métaphysiques et, nostalgiques, chérir le souvenir de temps révolus où tout avait une place définie dans un cosmos créé par Dieu spécialement pour les hommes. Mais nous pouvons aussi appréhender cette liberté comme une aventure, l'apprivoiser et la célébrer, notamment au travers des réalisations culturelles qui nous confèrent la conscience de cette liberté, mais aussi au travers des acquis de la civilisation grâce auxquels, dans la pratique, nous pouvons jouir de cette liberté. Malheureusement, cette attitude est loin d'être la norme. Nous préférons nous plaindre des difficultés engendrées par la liberté. Nous ne ménageons pas nos efforts pour refouler ou opérer un déni du tragique de l'existence humaine. Nous investissons des sommes monstres dans la recherche, avec l'espoir qu'une prochaine découverte entraînera la disparition définitive de cette dimension tragique. Or, c'est précisément le déni du tragique inhérent à l'existence humaine qui affaiblit aussi fortement notre culture occidentale.

Cet essai est un plaidoyer en faveur de la prise en compte du tragique de notre existence, de l'acceptation du cadeau ambivalent que constitue la liberté, afin que nous appréhendions la civilisation occidentale comme un bien que nous avons la responsabilité de préserver. Il ne s'agit nullement de thèses nouvelles : au cours des siècles précédents, quantité de penseurs, hommes et femmes, ont formulé de telles idées. Pour autant, il semblerait qu'il incombe à chaque génération d'élaborer pour elle ce que signifie être libre, ainsi que les difficultés inhérentes à cette liberté. Au sein d'une civilisation qui considère le bonheur et la liberté comme des droits fondamentaux, semblable conception est bien évidemment tout sauf populaire ; il en va de même de l'idéal humaniste – la *liberal education* anglo-saxonne – qui tombe progressivement en désuétude : le mythe selon lequel nous serions nés libres conduit à ce qu'un nombre croissant d'Occidentaux n'aient pas conscience que nous devons nous construire nous-mêmes et suivre le long processus ayant rendu possible cet ordre libéral, dès lors que nous avons à cœur de protéger et de conserver réellement la liberté.

PREMIÈRE PARTIE

Le droit au bonheur : la grande illusion

Liberté et djihad

Dans certaines circonstances, les citoyens occidentaux prennent conscience qu'ils vivent dans un système politique et social pour la préservation duquel il est nécessaire de lutter. En de telles circonstances, les sempiternelles questions en souffrance – qui doit contribuer au financement de l'Union européenne, comment résoudre la crise de la dette publique grecque ou assurer le financement de nos caisses de retraite – se trouvent temporairement reléguées au second plan. Dans notre histoire récente, le 11 Septembre 2001 compte parmi ces événements les plus marquants. Même les Français, réputés pour leurs positions critiques à l'égard des États-Unis, se sont ce jour-là tous sentis des New-Yorkais. Le 7 janvier 2015 a constitué un autre de ces événements majeurs. Après le bain de sang provoqué par les frères Chérif et Saïd Kouachi à la rédaction du journal satirique *Charlie Hebdo*, partout dans le monde, par le biais du slogan «Je suis Charlie», des citoyens ont exprimé leur solidarité avec les victimes. Et quand, le 13 novembre 2015, neuf terroristes ont assassiné cent trente personnes à Paris, le soir même les monuments les plus symboliques du monde, du Christ Rédempteur de Rio jusqu'à l'Opéra de Sydney, se sont illuminés aux couleurs du drapeau tricolore français.

Pour autant, pareils événements demeurent des situations exceptionnelles, quand bien même ils risquent malheureusement de se répéter dans un avenir prévisible. Au quotidien, personne ou presque ne se préoccupe de savoir ce qui constitue l'Occident, et pourquoi il est important de le préserver : il faut amener les enfants à la crèche ou chez la nounou, prendre rendez-vous avec un électricien, conduire la voiture chez le garagiste. Ou encore il s'agit d'arrêter des décisions concrètes : dois-je aller à ma séance de sport ou plutôt boire un verre avec mes amis? Devrais-je quitter mon poste, qui m'assure une sécurité financière mais dans lequel je m'ennuie, pour un emploi passionnant, mais potentiellement précaire, dans une start-up? Pour quantité d'individus, le quotidien s'apparente davantage à un projet d'optimisation qu'à une marche vers la liberté derrière l'étendard de Marianne. Dès lors, et fort logiquement, il reste peu d'espace de cerveau disponible pour une réflexion sur la conscience de soi et la mission de son existence.

Les djihadistes voient là une des raisons de la faiblesse de l'Occident. À leurs yeux, en Europe comme en Amérique du Nord, les gens ne s'intéressent plus qu'à eux et à leurs petites affaires. Ils ont perdu depuis longtemps la foi en quelque chose de plus grand. Ils ne seraient plus disposés à consentir à des sacrifices. Ils ne sont d'ailleurs même plus capables de faire tenir tranquilles leurs femmes lascives, preuve s'il en est qu'il n'existe plus à l'Ouest de vrais hommes. Et, à la vérité, semblables considérations ne sont pas totalement erronées. Pour la grande majorité d'entre nous, assassiner des êtres humains au nom de la religion ou élever nos enfants afin qu'ils deviennent des soldats de Dieu ne relève pas du devoir divin, mais de la barbarie pure et simple. Pour la quasi-totalité des Occidentaux, réduire les femmes à leur rôle de mère et les exclure de la vie publique ne constituent pas une expression de pureté, mais un acte archaïque et inhumain. Ces conceptions sont le résultat d'une évolution lente et parfois douloureuse ayant conduit à l'instauration de l'ordre libéral : dans le monde libre, l'individu n'est plus assujetti au collectif. La seule fonction légitime du collectif – qu'il s'agisse d'une ville ou d'une nation – consiste à se mettre au service du bien-être de l'individu. Dès lors, il serait absurde d'un point de vue logique et condamnable d'un point de vue moral que ce collectif (excepté dans les situations extrêmes telles que les catastrophes) exige des individus qu'ils se sacrifient en son nom. La question du sens, celui de la vie et du monde, est devenue en Occident une affaire privée. Les acteurs publics, au premier rang desquels l'État et les Églises, sont priés de s'abstenir de s'immiscer dans cet espace.

Pour comprendre les raisons d'un tel renversement, nous devons remonter le cours du temps et revenir plusieurs siècles en arrière. Après les horreurs de la guerre de Trente Ans, l'idée s'implante peu à peu en Europe que la religion ne doit jouer aucun rôle dans la vie politique, ou du moins que son rôle doit y être mineur. Des philosophes comme Hobbes, Spinoza ou Locke élaborent les fondements théoriques de cette réorganisation de la société : le principe de la liberté de religion et de la liberté de conscience. Aucun individu ne doit être contraint par la force à adopter certaines convictions (qu'elles soient politiques ou religieuses). Jamais le développement de l'ordre libéral n'aurait été possible si le monopole des religions sur la vision du monde n'avait pas vacillé sur ses bases au XVIIe siècle, pour finalement s'écrouler. À cette époque, dans plusieurs régions d'Europe, un processus s'enclenche, qui sera qualifié ultérieurement de «révolution scientifique». Pas à pas, un autre paradigme explicatif se forge, qui rend possible une nouvelle vision de la nature : avec ses trois lois sur le mouvement des corps célestes, Kepler confère un fondement mathématique à l'astronomie; Galilée jette les bases de la mécanique moderne; Newton intègre l'astronomie et la mécanique terrestre pour fonder l'édifice de la physique classique; l'invention du microscope permet la découverte de la cellule biologique;

William Harvey formule la théorie de la circulation sanguine. Le xviiie siècle voit le développement des bases de la chimie moderne. En outre, il marque le début de la géologie moderne, étape clé s'il en est, permettant aux êtres humains de comprendre que la Terre est bien plus ancienne que ce que la Bible laisse entendre. Sans cette nouvelle compréhension, Darwin n'aurait probablement pas pu élaborer sa théorie de l'évolution.

Parallèlement à ces découvertes fondamentales dans le champ des sciences naturelles, l'épistémologie moderne prend son essor. Avec Francis Bacon, Thomas Hobbes et Descartes au xviie siècle, les philosophes s'efforcent d'opérer une séparation systématique entre savoir et foi. Leurs efforts culminent au xviiie siècle avec l'œuvre magistrale d'Emmanuel Kant. La même époque voit également la naissance de la philosophie politique moderne. Des conceptions telles que le royaume de droit divin sont rejetées comme pure fiction, et remplacées par celle du contrat social, né de la conviction que les individus devraient pouvoir se choisir eux-mêmes leurs gouvernants. Pour la première fois de l'histoire humaine, elle figure en toutes lettres dans une Constitution, celle des États-Unis. L'idée s'impose alors progressivement que la liberté politique est un droit fondamental.

Cependant, ce processus est loin de se dérouler sans heurts. Au xviiie siècle, des philosophes des Lumières, Diderot et Voltaire par exemple, sont jetés en prison pour leurs propos prétendument hérétiques et leurs agissements séditieux. Au XIXᵉ siècle, John Stuart Mill se voit contraint de défendre la liberté d'expression. En outre, la prétendue marche triomphale de la démocratie s'accompagne de pas de côté et de reculs. Au début du XXᵉ siècle, à peine huit États sont dotés d'un régime véritablement démocratique. Comme le souligne l'historien Niall Ferguson, il est erroné de dire que le XXᵉ siècle a connu seulement deux guerres mondiales. Au fond, entre 1914 et 1989, libéralisme[1], communisme et fascisme[2] se sont livré un combat incessant. Parallèlement, nombre de penseurs subodorent que le déplacement de la grande question du sens vers la sphère privée a eu un coût considérable. Dans la mort de Dieu (comme métaphore de la perte du sens de la vie), Friedrich Nietzsche pense discerner les prémices du nihilisme occidental, et Jean-Paul Sartre quant à lui affirme qu'il y a, dans l'âme occidentale, un «trou» en forme de Dieu. Les existentialistes parisiens des années 1950 appréhendent liberté et responsabilité comme une véritable aventure; il en va de même pour les étudiants qui, dans les révoltes des années 1960, remettent en cause l'ordre établi.

---

1. Ici, je n'emploie pas le concept de «libéralisme» dans son acception actuelle, qui le cantonne au champ économique, mais en tant que synonyme d'«ordre libéral» – *libéral* étant à entendre dans son acception ancienne qui signifie «progressiste» –, et ce, afin de souligner les conceptions développées par de nombreux penseurs, de Thomas Hobbes à John Stuart Mill.

2. Niall Ferguson, *Krieg der Welt : Was ging schief im 20. Jahrhundert?*, Berlin Propyläen, 2006.

Or, au cours des dernières décennies, cet enthousiasme passionné – à défaut d'être toujours très productif – pour l'aventure que constitue la liberté est passé de mode, après que, dans les années 1980, les hippies se sont transformés en yuppies. En ce début de xxıᵉ siècle, la conception selon laquelle nous aurions besoin, outre de faire du sport et de surveiller notre alimentation, de fournir des efforts existentiels apparaît totalement anachronique ; et elle est supplantée par une approche pragmatique de questions autrefois centrales. Ainsi, si je souhaite articuler les principes fondamentaux du protestantisme et ceux du bouddhisme, aucune Église ne devrait essayer de m'en dissuader. De plus, les choix existentiels seraient aussi banals que la décision consistant à privilégier, dans son activité sportive, le travail de l'endurance par rapport à celui de la souplesse. En définitive, il faudrait répondre à toutes les grandes questions de manière concrète. À trop y réfléchir, on risquerait la dépression, qui serait alors soignée par des médicaments ; ou le développement d'un symptôme hormonal, que l'on peut diagnostiquer grâce à un dosage sanguin, et qui serait traité par la prise de compléments alimentaires. Au fond, il ne s'agirait ni plus ni moins là que d'un problème de configuration, comme sur un smartphone.

Pour ma part, je pense que notre situation est bien plus complexe que cette approche tend à le faire croire. La relégation dans la sphère privée de la grande question du sens à donner à la vie est

l'une des plus belles victoires de l'histoire occidentale. Nous devrions nous réjouir que l'Inquisition
appartienne au passé, et que, chez nous, plus personne ne soit torturé ni exécuté en raison de ses
convictions religieuses ou politiques. Cependant,
prétendre pour autant qu'au-delà des enjeux de carrière, de choix d'un programme de fitness ou d'un
régime alimentaire, il n'existerait aucun problème
existentiel équivaudrait à se voiler la face. Comme
l'a démontré la psychologie existentielle, il nous
est tout bonnement impossible de nous en tenir à
un déni ou à un refoulement de la conscience de
notre propre mortalité. Traditionnellement, dans la
confrontation à notre finitude, les idéologies et les
religions ont servi de rempart, avec la promesse
d'une libération dans cette vie ou d'une récom-
pense dans l'au-delà. Si elles ne prétendent plus
détenir la vérité, de telles doctrines ont cependant
toujours représenté bien plus que des systèmes
de pensée abstraits. Elles s'intégraient à une vie
communautaire ritualisée, par le biais d'églises et
de monastères, de mosquées et de médersas, de
synagogues et de yeshivas. Les croyants se considéraient comme les membres de communautés
vieilles de plusieurs siècles, voire millénaires, et
censées durer à jamais. L'appartenance à ces
communautés ne relevait pas seulement de la promesse de la vie éternelle dans l'au-delà (ou de la
résurrection des corps), mais impliquait également
de poursuivre une noble et sainte tradition.

Bien évidemment, cette appartenance avait un prix. Dans aucun groupe on ne voit d'un bon œil qu'un de ses membres en brise les règles. Dans l'Ancien Testament, les individus coupables d'idolâtrie ou qui enfreignent le repos sabbatique doivent être lapidés. Pendant presque un millénaire, l'Église catholique recourt aux méthodes les plus brutales pour dissuader l'hérésie. L'Inquisition, abolie officiellement en Espagne en 1834 seulement, torture tous ceux qui sont soupçonnés de blasphème, et elle les brûle vifs après leur avoir extorqué des aveux. En Arabie saoudite, dont les lois en vigueur demeurent conformes à une interprétation stricte de la charia, l'apostasie est sanctionnée par la peine de mort. En mai 2014, le blogueur Raif Badawi a été condamné pour injure contre l'islam à dix ans de prison et mille coups de fouet, ainsi qu'à une amende équivalant à près de deux cent mille euros. Il semblerait que les communautés ne puissent offrir de sécurité existentielle qu'en contrepartie d'une appartenance scellée par le sang. Dans le judaïsme comme dans l'islam, celle-ci continue aujourd'hui de s'inscrire de façon tout à fait concrète dans le corps des jeunes garçons.

Sur ce point, soyons soulagés que l'ordre sociétal libéral nous ait dégagés des rites cruels de l'appartenance à une lignée et à une confession. Après tout, dans le monde occidental, il n'existe plus de communautés qu'il soit impossible de quitter. Même le mariage catholique peut être rompu. La seule exception est la famille dans laquelle nous sommes nés. Pour le reste, nous sommes libres d'être qui nous voulons. L'individu prime enfin sur le collectif. Cependant, cela signifie aussi que nous sommes seuls responsables de notre bien-être spirituel et existentiel. Nous sommes condamnés à assumer nous-mêmes la responsabilité existentielle de notre vie. Certes, l'économie sociale de marché a apporté aux individus des avantages considérables, notamment dans la satisfaction de leurs besoins fondamentaux. Mais, comme les États et les religions ne peuvent plus revendiquer le monopole sur les grandes questions de sens, les Occidentaux qui n'appartiennent pas à l'une des religions instituées se retrouvent seuls face à ces questions. C'est le pacte faustien de l'Occident moderne : l'absence de protection existentielle comme prix de la liberté. Dans le monde occidental, nous ne sommes plus intégrés dans des communautés qui définissent une fois pour toutes notre identité et structurent notre quotidien par des rites. C'est précisément pour cette légèreté que les fondamentalistes chrétiens, juifs et musulmans le condamnent. Une existence sans vérité existentielle posée par une autorité transcendante n'est pour eux nullement un symbole de la liberté, c'est un symptôme du péché et de la déchéance morale. De plus, en raison de l'attrait que représente l'Occident, tous ces fondamentalismes le voient également comme un danger, et c'est pour cela qu'ils le combattent aussi souvent : aux États-Unis et en Israël, par des moyens politiques, et, dans le cas de l'islamisme radical, par la violence.

Nous pouvons légitimement douter que le monde libre ait les réponses à ces défis. Après la Seconde Guerre mondiale ont vu le jour des générations qui n'ont connu ni la lutte pour les libertés politiques dont nous jouissons aujourd'hui ni les catastrophes telles que la crise économique mondiale. Pour elles, la liberté est un acquis, une évidence, et le système qu'elle autorise est souvent appréhendé comme une forme d'oppression. Elles ne considèrent plus comme leur devoir de se battre pour défendre l'ordre libéral quand il est menacé – c'est la responsabilité de « la société » et du « système politique ». En outre, elles estiment que chaque individu a un droit inné au bonheur et à la réalisation de soi. Et si quelqu'un est malheureux, c'est que les responsables – la société, l'État ou, nouveaux boucs émissaires, les parents – ne se sont pas correctement acquittés de leur mission. Nous reviendrons plus loin sur la psychothérapie et ses promesses pour détailler la façon dont elle a exploité, dans les livres, ateliers et thérapies, la croyance en un Soi authentique et créatif. Quand bien même ces utopies ont changé au fil des ans, quantité d'Occidentaux continuent de considérer la liberté comme une évidence et le bonheur comme un droit. Avec ce type de mentalité du tenu pour acquis, plus personne n'est disposé ni capable de préserver l'ordre libéral et, le cas échéant, de le défendre.

Pour des penseurs ou des écrivains tels que Michel Houellebecq, Benjamin Barber, Alain Finkielkraut ou John Gray versés dans le diagnostic de leur époque, cette posture a suscité une certaine aversion contre l'Occident moderne, que j'aborderai plus en détail dans les chapitres suivants. Dans leurs critiques de la société occidentale, ces intellectuels s'efforcent de comprendre les faiblesses de l'Occident et de les analyser sous différentes perspectives. Je souhaiterais faire ressortir ici le dénominateur commun implicite de leurs critiques, afin d'établir une analyse approfondie de ces faiblesses si souvent décrites. La mentalité du tenu pour acquis qui s'est propagée dans le monde occidental – à savoir qu'il existerait pour tous les problèmes une solution technique et que toutes les difficultés peuvent être résolues par une quelconque instance – constitue une erreur grave, presque métaphysique. Elle empêche les individus d'accepter la dimension tragique de l'existence. Ils refusent d'admettre que la vie humaine se caractérise par des conflits et des tensions insolubles. Or cette attitude a deux conséquences hautement problématiques.

Premièrement, seul un petit nombre de citoyens sont prêts à apporter leur contribution à l'ordre libéral – la majorité veut seulement en consommer les produits. Dès lors, le monde occidental n'est pas en capacité de bien gérer les «tests de résistance» que constituent la crise des réfugiés ou les attentats islamistes. Trop de gens attendent des «responsables» – au premier rang desquels les politiciens et les forces de l'ordre – qu'ils restaurent le confortable statu quo ante. Cette attitude fait le lit des mouvements populistes et opportunistes de droite qui promettent aux électeurs de revenir au bon vieux temps; ainsi, la France appartiendrait bientôt de nouveau aux Français, l'Allemagne aux Allemands, les États-Unis aux Américains blancs protestants.

Deuxièmement, si chaque individu a la prétention de s'accomplir dans la vie, de réussir et d'être heureux, nos sociétés ne permettent pourtant pas à tous, mais seulement à une minorité, d'y parvenir, et ce décalage génère du ressentiment. Prenons par exemple[1] le slogan publicitaire *«Just do it!»* du fabricant d'articles de sport Nike, parfaitement représentatif de la mentalité des années 1990. Ce slogan suggère que tout être humain a la capacité de réaliser des performances exceptionnelles, s'il n'a pas peur de prendre des risques et de fournir des efforts appropriés pour continuer à progresser. Une appréciation qui se révèle vite un leurre.

La première partie de cet essai est consacrée au mythe de Rousseau, déjà succinctement évoqué, relatif à l'existence en chacun de nous d'un Soi authentique, réprimé en raison d'un manque d'empathie parentale et de normes sociétales biaisées.

---

1. Pour une analyse détaillée, voir Carlo Strenger, *La peur de l'insignifiance nous rend fous. Une quête de sens et de liberté pour le XXᵉ siècle*, Paris : Belfond, 2013. Dans cet essai, je traite du développement d'une psychologie populaire qui se nourrit de ces mythes d'accomplissement personnel. Lire aussi la brillante analyse d'Eva Illouz, *Saving the Modern Soul. Therapy, Emotions, and the Culture of Self-Help*, Berkeley : University of California Press, 2008.

Selon cette croyance erronée, l'accomplissement de ce Soi authentique permettrait à tous d'être heureux et créatifs. Cette promesse, qui se retrouve dans quantité de livres dont certains sont devenus cultes, est invariablement répétée, et peu importe si aucun résultat empirique ne l'a jamais justifiée. Quoi qu'il en soit, pareille idée n'a apporté à ses partisans ni bonheur ni créativité, mais bel et bien le sentiment permanent d'être défavorisés, ou traités de façon injuste, et d'être en quelque sorte privés de leur vraie vie.

Dans la seconde partie, je soutiendrai la thèse suivante : nous ne sommes pas condamnés à avoir une mentalité de consommation passive. La culture occidentale compte de nombreuses traditions articulées autour du caractère fondamentalement tragique de l'existence humaine, et selon lesquelles la liberté personnelle aussi bien que politique implique une discipline constante. Ces conceptions remontent à la philosophie grecque antique, mais j'en exposerai surtout deux approches plus modernes : le modernisme du tournant du XXe siècle, qui compte parmi ses représentants des peintres comme Gustav Klimt et Egon Schiele mais aussi Sigmund Freud, ainsi que l'existentialisme, dans ses différentes variantes, auxquelles appartient également aujourd'hui un courant de la psychologie existentielle empirique. Nous autres, êtres humains, sommes conscients de notre liberté, mais nous ne la supportons pas. C'est pour cette raison que nous tentons en permanence de nier notre finitude et de fuir notre liberté, par le biais d'idéologies politiques totalitaires ou de croyances religieuses. Cela peut avoir des conséquences désastreuses : plus le système de croyances protégeant les individus de la conscience de leur finitude et de leur liberté est efficace, plus il peut être facilement instrumentalisé pour justifier des actes barbares.

Faire prendre conscience aux individus de l'importance du projet de liberté a constitué, du XIXe siècle jusqu'au milieu du XXe siècle, le fondement de la *liberal education* (éducation permettant la formation d'un individu libre) telle qu'elle a été instaurée dans les grandes universités américaines et allemandes. Cependant, depuis les années 1960, cette conception a, pour différentes raisons, subi le feu des critiques, étant considérée par la gauche postmoderne comme un vestige du racisme et de l'impérialisme occidental, dans la mesure où elle puise avant tout ses sources dans la culture de l'Occident. En outre, un nombre croissant d'étudiants attend surtout des universités qu'elles leur transmettent un savoir qui leur permettra plus tard de décrocher un emploi lucratif. Dès lors, il ne reste pas beaucoup de temps pour une éducation humaniste. Le résultat est tout bonnement désastreux, car nos universités assurent de moins en moins cette mission consistant à transmettre aux étudiants la conscience d'une responsabilité à l'égard de l'ordre libéral et une compréhension de l'aventure que représente sa construction. Or nous ne devons pas

33

sacrifier l'idéal de l'éducation libérale aux forces du marché, évaluer l'école et les formations presque exclusivement à l'aune des opportunités de carrière qu'elles offrent et de leur contribution aux performances de l'économie. L'éducation libérale n'est pas un luxe, mais bel et bien une condition grâce à laquelle notre liberté pourra dépasser les mises à l'épreuve de notre époque.

À l'Ouest, rien que du dégoût

Vers la fin du xixᵉ siècle, une incertitude a gagné le monde occidental : l'angoisse de la décadence – autant dans le sens du déclin que dans celui du luxe et du gaspillage – s'est propagée. Certains auteurs français redoutaient même le déclin de la « race » française, comme on la nommait à l'époque, car, pour la première fois depuis le xviiᵉ siècle, les chiffres de la population étaient en baisse. En Autriche, les artistes, les architectes et les intellectuels affirmaient que la monarchie impériale, derrière les façades somptueuses du Ring nouvellement bâti, vivait ses derniers instants. Et, en effet, en 1918, après l'une des guerres les plus insensées et les plus cruelles de toute l'histoire de l'humanité, l'ordre établi sur le continent européen juste un siècle auparavant s'est effondré. Il est ainsi tout à fait compréhensible que 1918 ait aussi marqué la publication à succès – cent mille exemplaires vendus en un rien de temps – du *Déclin de l'Occident*, par Oswald Spengler, homme de lettres jusque-là inconnu. La triomphale histoire de cet Occident si supérieur qui, quelques décennies plus tôt encore, avait généreusement «offert» sa civilisation aux autres continents, semblait être arrivée à son terme. L'Allemagne ne se remettait pas de la défaite et de l'humiliation du traité de Versailles. Jusqu'à l'arrivée au pouvoir des nazis en 1933, un ordre politique stable n'a pu être instauré – puis le continent a basculé dans les douze années les plus terribles qu'il ait jamais connues à ce jour. En Italie, les fascistes étaient arrivés au pouvoir dès les années 1920, et, en Espagne, les troupes de Franco ont remporté la victoire après une longue et sanglante guerre civile. En Europe, beaucoup doutaient de l'ordre libéral, et le fascisme donnait l'impression de pouvoir s'implanter comme troisième forme de pouvoir, à côté du libéralisme et du communisme. Sans l'intervention des Américains lors de la Seconde Guerre mondiale, l'Europe que nous connaissons aujourd'hui n'existerait peut-être pas.

Cependant, même après la fin de la Seconde Guerre mondiale et en dépit de la marche victorieuse de la liberté, le malaise n'a pas disparu. Aussi bien en Occident que parmi ses adversaires politiques et culturels, un dégoût de la culture occidentale s'est propagé. En Europe et en Amérique du Nord, il a souvent pris la forme d'une critique du capitalisme et de l'impérialisme, ce que beaucoup – à tort ou à raison – ont considéré comme un épiphénomène inévitable du capitalisme. Dans les dernières décennies, ce dégoût est devenu plus marqué encore. Nombreux sont ceux qui voient dans la culture occidentale un mode de vie décadent voué à sa perte. Ainsi, David Foster Wallace décrit les États-Unis comme une société dans laquelle les individus cherchent à tout prix à se divertir, quitte à en mourir, sans pour autant réussir à tuer l'ennui[1]. Il y a tout juste dix ans, le politologue Benjamin Barber exprimait la crainte que les Américains soient sur le point d'être totalement infantilisés par la consommation[2]. Et dernièrement, l'intellectuel français Éric Zemmour a soutenu que la France était au bord du suicide[3] – quelques années seulement après que Thilo Sarrazin a mis en garde l'Allemagne contre sa propre destruction.

L'un des intellectuels contemporains les plus intéressants (et probablement les plus lus) est l'écrivain français Michel Houellebecq. Dans plusieurs de ses romans, il fait le portrait d'une société française qui se délite, en perte de repères, jusqu'à sombrer dans le nihilisme. Nombre de ses détracteurs ont tenté de discréditer Houellebecq – que la publication en 1998 des *Particules élémentaires* a propulsé au rang de phénomène littéraire international –, le qualifiant de cynique, de misogyne ou encore

---

1. David Foster Wallace, *L'Infinie Comédie*, Paris : Éditions de l'Olivier, 2015 [1996].

2. Benjamin Barber, *Comment le capitalisme nous infantilise*, Paris : Fayard, 2007 [2007].

3. Éric Zemmour, *Le Suicide français*, Paris : Albin Michel, 2014.

de pornographe, mais, à mon sens, la critique est facile. Son dégoût de l'Occident, ouvertement affiché, sous-tend une analyse plus intéressante, développée dans une longue interview au journal allemand *Die Welt*, et qu'il résume fort à propos ainsi : «Derrière la philosophie des Lumières, on peut faire un signe de croix : décédée[1].» La formulation la plus radicale de cette pensée se trouve dans *Soumission*, son dernier roman, publié le 7 janvier 2015 au moment même où une actualité tragique secouait la France et le monde : c'est le jour où des terroristes ont attaqué la rédaction de *Charlie Hebdo*, assassinant douze personnes. Certes, Houellebecq a annulé en France toute sa promotion, mais même sans sa participation *Soumission* a été un succès. En quelques jours, plus de cent vingt mille exemplaires ont été vendus. Alors que l'attentat contre le magazine satirique conférait déjà à ce roman une actualité effrayante, Houellebecq y envisageait un avenir plus sombre encore : lors du second tour de l'élection présidentielle de 2022, la gauche et la droite modérée française appelleraient à voter Mohamed Ben Abbes, le candidat du parti islamique de la Fraternité musulmane, pour empêcher l'élection de Marine Le Pen. Son livre reflète ainsi une peur de l'islamisation,

---

1. Sylvain Bourmeau, «Eine islamische Partei ist eigentlich zwingend», interview avec Michel Houellebecq, in *Die Welt* (3 janvier 2015), disponible sur : http://www.welt.de/kultur/literarischewelt/article135972657/Eine-islamische-Partei-ist-eigentlich-zwingend.html.

que les populistes français ne sont pas les seuls à exploiter de manière cynique et extrêmement efficace. De différents côtés, Houellebecq a été accusé d'islamophobie, mais cette critique est simpliste : son thème n'est pas la peur que la France tombe aux mains des islamistes, mais la présumée faillite des Lumières.

Dans *Soumission*, Houellebecq aborde sous un angle différent certains thèmes qu'il a déjà traités dans ses précédents romans. Le protagoniste du roman, François, est une sorte d'antihéros, professeur de littérature française à la Sorbonne, spécialisé dans l'œuvre de l'écrivain Joris-Karl Huysmans. Huysmans, tout d'abord naturaliste, s'est peu à peu tourné vers le catholicisme, jusqu'à passer, à partir de 1892, de plus en plus de temps dans un monastère du sud de la France. C'est justement dans ce monastère que François se réfugie, le jour du second tour de la présidentielle opposant Ben Abbes à Le Pen, pour fuir les troubles qui éclatent à Paris. En quête d'une révélation religieuse, il perd, lors d'une scène clé du roman, tout lien avec la foi en contemplant une célèbre sculpture de la Vierge Marie, et quitte le monastère. À l'origine, Houellebecq avait prévu d'intituler son roman *Conversion* : François devait se convertir au catholicisme, mais, comme Houellebecq lui-même, il n'en est finalement pas capable. Il retourne à Paris, où il doit se rendre à l'évidence : il a été licencié. De ce moment, il collabore avec le nouveau régime, et se convertit à l'islam pour récupérer sa chaire.

Soumission est un requiem à la civilisation européenne. François enseigne dans l'une des plus anciennes et des plus célèbres universités de France. Il est un représentant et un dépositaire de la haute culture française – ou du moins il devrait l'être, mais sa vie lui est d'une platitude insupportable. Empli de remords, il prend conscience que les années consacrées à l'œuvre de Huysmans pour la rédaction de sa thèse ont probablement été les meilleures de toute son existence. Depuis, les choses ne vont qu'en déclinant ; ses relations aux autres se limitent souvent à de brèves liaisons ternes avec des étudiantes. François est seul, n'écrit quasiment plus, boit trop et se nourrit de plats industriels achetés au supermarché (qui, détail révélateur, ne sont jamais de la cuisine française). Dans l'absurdité de son être au monde, comprend-il, se reflète, comme le pensait déjà Huysmans, celle de toute culture vouée au déclin. Dans une conversation avec son amante, une étudiante juive prénommée Myriam, qui plus tard s'enfuira en Israël avec ses parents, par peur du nouveau régime islamique, François affirme que seul le système patriarcal est viable, parce qu'il se reproduit lui-même et génère une certaine cohésion sociale. C'est ce type d'affirmations répétées qui alimentent les accusations de misogynie à l'attention de Houellebecq, au risque cependant de passer à côté de l'essentiel de sa pensée. S'il veut substituer au chaos des relations contemporaines hommes-femmes les structures patriarcales de la polygamie islamique, ce n'est pas parce qu'il considère que la femme doit se soumettre à l'homme, mais bien parce qu'il croit que les sociétés libérales occidentales sont vouées à l'échec – déjà parce qu'elles ne sont pas en mesure, en raison de leur faible taux de natalité, d'assurer leur survie. D'ailleurs, Houellebecq ne verse pas une larme sur le libéralisme ou sur l'Europe. Comme il n'en a pas fait mystère dans ses précédents romans, il ne ressent que dégoût pour les ultimes convulsions du Vieux Continent. Dans le ralliement cynique de François à l'islam, Houellebecq voit une issue possible à cette longue traversée du désert que représentent les derniers jours de l'Europe.

L'œuvre de Houellebecq constitue un défi adressé à tous ceux qui, comme moi, non seulement estiment qu'il n'existe que des solutions de remplacement peu attractives à la tradition des Lumières et à celle des penseurs modernes occidentaux, mais tiennent aussi les Lumières pour des réussites majeures de l'humanité. Ses descriptions satiriques de la France contemporaine offrent un miroir à notre société. Le reflet est peut-être unilatéral, mais il devrait en tout cas nous faire réfléchir. Il montre une société dominée par le populisme, la consommation, le divertissement bon marché et l'aliénation du sexe. Cependant, derrière la façade cynique de l'auteur pointent une nostalgie et une sympathie à l'égard de dispositions conservatrices qui jusque-là ne l'ont poussé ni vers le conservatisme politique ni vers la religion.

Nous devrions considérer le roman de Houellebecq comme un avertissement et le prendre au sérieux : s'il ne reste de l'Europe qu'une instance organisatrice, la préoccupation de la sécurité financière et un passé culturel se traduisant seulement par une présence muséale, il y aura bientôt du nouveau à l'Ouest – mais rien de bon. Si Houellebecq a raison, cela signifie que le libéralisme est probablement voué à moyen terme à être remplacé par une quelconque forme d'autoritarisme, l'islamisation représentant d'ailleurs plus un épouvantail qu'une possible réalité démographique.

À cet éloge funèbre de l'Occident, on peut objecter que des millions d'êtres humains n'aspirent de nos jours encore qu'à émigrer en Europe ou aux États-Unis. Nombreux sont ceux qui risquent leur vie pour atteindre l'Allemagne, l'Angleterre ou les États-Unis. Le dégoût de l'Occident ne serait-il donc rien d'autre qu'un phénomène marginal? Ces plaintes incessantes sur une prétendue crise morale relèveraient-elles simplement d'une habitude nocive? Houellebecq, qui se plaît à raconter que ses parents ne s'intéressaient pas à lui, parce que trop accaparés par leur mode de vie hippie, ne serait-il pas tout bonnement incapable d'observer l'Occident sans préjugés?

Certes, les représentations houellebecquiennes sont des plus univoques; cependant, quand bien même s'exprime-t-il sur un mode hyperbolique, il attire notre attention vers un élément qu'il nous faut prendre au sérieux : dans nos sociétés d'abondance occidentales, nombre d'individus ne semblent pas en capacité de jouir en conscience de leur liberté. Au contraire, ils paraissent plutôt chercher à la fuir à tout prix, par tous les dérivatifs possibles et imaginables. Tout, pourvu que ça marche.

La liberté
comme bien de consommation

Dans son essai *Comment le capitalisme nous infantilise*, Benjamin Barber, pourtant défenseur convaincu des valeurs progressistes-libérales, se livre à une critique virulente de la société capitaliste[1]. Un nombre croissant d'individus développeraient une mentalité de consommateur passif, ne s'intéressant qu'au shopping, à la télé et aux jeux vidéo; et, selon lui, les conséquences sur la démocratie seraient catastrophiques. Par exemple, un grand nombre de citoyens américains ne se rendent plus aux urnes, et ceux qui votent encore font le plus souvent montre d'une effrayante ignorance des questions politiques. En 2002, 70 % des adultes américains ignoraient où se trouve l'Irak – ce qui ne les empêchait pas d'avoir un avis sur les mesures qu'il convenait de prendre à l'égard de ce pays. Sur d'autres sujets, comme le changement

---

1. *Comment le capitalisme nous infantilise, op. cit.*

climatique, les causes de la crise financière ou le système de santé américain, les connaissances de beaucoup sont tout aussi approximatives. Ils n'en savent guère plus sur les opinions politiques que défendent les candidats qu'ils doivent départager. Les débats télévisés, censés permettre aux hommes politiques d'exposer leurs convictions, prennent de plus en plus des allures d'émission de divertissement. Au lieu de s'intéresser au fond et au contenu, les citoyens évaluent les candidats sur des détails superficiels : ceux qui friment et qui, à l'aide d'une rhétorique agressive, offrent des solutions simples à des problèmes complexes. La politique vire ainsi toujours plus au show-business. L'élection de Donald Trump à la présidence des États-Unis, qui avait été envisagée comme une catastrophe par les hommes politiques et les commentateurs européens, illustre de manière flagrante cette tendance.

Alors que Barber pointe l'apathie politique des classes sociales défavorisées, d'autres rejettent la faute sur les élites. Ainsi, Christopher Lasch, historien et sociologue américain, ne s'est pas privé de reprocher aux classes dirigeantes de son pays leur manque d'intérêt pour le bien commun[1] : riches et puissants cultivent l'entre-soi dans leur petit monde narcissique, tout en profitant des instruments que la société met à leur disposition :

---

1. Christopher Lasch, *La Révolte des élites et la Trahison de la démocratie*, Paris : Climats, 1999 [1994].

système de santé, éducation, forces de l'ordre, système judiciaire, etc. À la différence des bourgeoisies européenne et américaine des XVIIᵉ et XIXᵉ siècles qui avaient pris une part active à l'établissement d'institutions sociales, culturelles et académiques, ces classes dirigeantes ne se sentent aucune obligation d'engagement social ou politique. Le point de vue de Lasch est notamment partagé par David Brooks, du *New York Times*[1] : il considère que nous vivons au sein d'une société dans laquelle, pour beaucoup, le seul centre d'intérêt véritable est eux-mêmes. En premier lieu, les citoyens de l'Occident aspirent à la richesse et à la célébrité. Le désir de contribuer au développement de la société ou de se mettre au service des idéaux communs leur est de plus en plus étranger. On pourrait voir ces constats comme des plaintes formulées par des intellectuels conservateurs, s'ils n'étaient consolidés, pour les États-Unis tout du moins, par des sociologues, au premier rang desquels Robert Putnam. À travers plusieurs études, Putnam a montré que la disposition à l'engagement et à la participation a diminué de manière spectaculaire ces dernières décennies dans la société américaine[2]. Alors que, dans le passé, les Américains appartenaient souvent à des clubs de bowling ou étaient membres d'associations politiques, nombreux sont ceux

---

1. David Brooks, *The Road to Character*, New York : Allen Lane, 2015.
2. Robert Putnam, *Bowling Alone. The Collapse and Revival of American Community*, New York : Simon and Schuster, 2001.

qui se sont retirés dans la sphère privée. Il serait hâtif de penser que la situation est tout autre en Europe. Le philosophe français Alain Finkielkraut dénonce depuis plus de trente ans l'état de l'opinion publique dans son pays. Les citoyens s'y intéresseraient de moins en moins à leur culture, sans avoir conscience qu'ils sont redevables à cette même culture de l'ordre et de la qualité de vie dont ils jouissent et qu'ils tiennent pour acquis[1]. Finkielkraut, fils de juifs polonais ayant survécu à Auschwitz et émigré en France après la Seconde Guerre mondiale, n'a jamais fait mystère de la profonde gratitude qu'il éprouve à l'égard de la culture, du système éducatif et des idéaux républicains français, qui lui auraient permis, à lui fils d'immigré, de devenir un membre à part entière de la société. Pour étayer sa thèse, il évoque la situation des nombreux jeunes qui ont décroché du système scolaire français, au premier rang desquels des jeunes musulmans. Ces derniers auraient refusé d'adopter la culture française et se plaindraient aujourd'hui de se voir exclus de l'intégration sociale et de la réussite économique. En 2005, les réflexions de ce philosophe ont connu un certain écho, quand dans les banlieues de plusieurs villes françaises des troubles importants ont éclaté, auxquels ont pris part surtout des jeunes musulmans non intégrés à la société. Depuis l'attentat

---

1. Alain Finkielkraut, *L'Ingratitude. Conversation sur notre temps*, Paris : Gallimard, 1999.

48

contre *Charlie Hebdo*, les actions terroristes coordonnées du 13 novembre 2015 à Paris, et l'attentat de Nice le 14 juillet 2016, le caractère explosif de ce problème d'intégration s'est encore aggravé. Cependant, le rejet de la culture française ne se rencontre pas uniquement chez les musulmans, mais aussi chez les islamophobes français : les électeurs du Front national de Marine Le Pen ne se préoccupent guère de la haute culture française et de la tradition des Lumières. Leurs «arguments» se limitent à une affirmation : la France appartient aux Français, et ils se soucient peu de la conception républicaine et de savoir quels droits sont accordés aux citoyens indépendamment de leur origine.

Finkielkraut, quant à lui, estime que réfléchir aux fondements d'une civilisation progressiste-libérale ne constitue plus depuis longtemps un devoir civique. Naturellement, ses arguments ne suscitent pas que de l'approbation. La gauche française voit en lui un ultraconservateur niant les raisons du racisme et de l'islamophobie. Il se serait barricadé dans sa tour d'ivoire académique et ne serait plus en mesure de reconnaître les véritables causes de la mauvaise intégration de nombreux musulmans. En effet, celle-ci ne serait pas due à un rejet de la culture française par les musulmans, mais à leur exclusion de la majorité dominante[1]. La société devrait à ses membres

---

1. Emmanuel Todd, *Qui est Charlie? Sociologie d'une crise religieuse*, Paris : Le Seuil, 2015.

les plus faibles une protection, sans laquelle ils n'auraient pas les moyens d'acquérir les capacités nécessaires pour participer de façon productive à la vie sociale et économique. L'inégalité croissante – et non un manque de connaissances relatives à la culture occidentale – serait à l'origine des problèmes sociaux et de la colère des laissés-pour-compte.

Ces débats souvent enflammés renvoient à une opposition entre deux représentations philosophiques et sociales. Les tenants d'une conception conservatrice de la culture estiment que l'ordre libéral occidental ne peut se développer et perdurer que sur la base d'une culture commune et de traditions partagées; et que le maintien de cet ordre libéral est menacé si un nombre croissant d'individus perd le lien à cette culture et à ces traditions. En revanche, la gauche pointe l'insuffisance de la participation à la vie économique. Je n'ai pas pour ambition ici de trancher entre ces deux camps qui avancent l'un et l'autre des arguments pertinents. Ainsi, la gauche peut citer des études comparatives montrant que les classes défavorisées ont plus de mal en France pour se faire une place dans une société où la mobilité sociale est faible. Les conservateurs, quant à eux, peuvent rappeler que certaines catégories d'immigrés, les juifs et les Asiatiques notamment, élevés dans des cultures valorisant la réussite, sont parvenues, en dépit de difficultés initiales, à une intégration économique, culturelle et politique excellente, alors que les immigrés musulmans en Europe et ceux qui sont originaires d'Amérique du Sud et centrale aux États-Unis n'y sont pas arrivés dans les mêmes proportions. En définitive, dans le domaine de l'intégration, la culture serait la clé de la réussite[1].

Il est intéressant de remarquer qu'au-delà des divergences profondes il existe un point commun entre la position des intellectuels de gauche et celle des conservateurs en matière de culture : toutes les deux mettent en garde contre la passivité politique croissante des citoyens occidentaux, la politique aux allures de show-business, la baisse affligeante du niveau du débat public, sans oublier le développement d'une mentalité de consommateur, qui aboutit à ce que jeunes et adultes, au-delà de leur réussite personnelle, ne peuvent ni ne veulent quasiment plus s'investir pour leur société ou leur culture. Mais les explications de ce phénomène divergent : alors que le camp des conservateurs y voit un attachement insuffisant aux traditions culturelles, la gauche y perçoit l'expression de la mentalité hégémonique néolibérale ayant adopté le quantifiable économique comme seul critère.

Un philosophe contemporain parmi les plus intéressants, le Britannique John Gray, défend pour sa part une autre approche. Sa critique ne porte pas seulement sur l'état du système politique, mais

---

1. Lawrence E. Harrison, Samuel P. Huntington, *Culture Matters. How Values Shape Human Progress*, New York : Basic Books, 2001.

présente une dimension existentielle. Selon lui, la liberté humaine ne serait qu'une illusion ; notre conviction d'occuper une place particulière au sein de la nature, un leurre. Et le cheminement qui a conduit Gray à cette conclusion est assez instructif.

Gray a grandi dans une famille ouvrière, ce qui ne l'a pas empêché, dans les années 1980, de soutenir Margaret Thatcher dans sa politique de libéralisation et de responsabilisation individuelle. Mais très vite, déçu par les résultats, il prend ses distances avec le credo thatchérien. Dans les années 1990, il soutient l'articulation entre économie de marché et démocratie sociale prônée par Tony Blair et Bill Clinton. Ce nouveau credo d'une prétendue troisième voie, ce « capitalisme au visage social », semblait réunir le meilleur des deux mondes : richesse et productivité d'un côté, solidarité sociale de l'autre. Cette promesse ne s'est pas réalisée. La Cool Britannia de Blair a viré à un cauchemar où les classes défavorisées se nourrissaient de malbouffe pour le corps comme pour l'esprit, tandis que les nouveaux millionnaires de Londres menaient une vie dissolue, à faire pâlir d'envie même les snobs new-yorkais. Bill Clinton n'est pas davantage parvenu à conjuguer croissance et plus grande justice sociale. En définitive, sa politique a fait le lit de la crise financière de 2007 et des années suivantes, et de la récession qui en a résulté. Depuis lors, les disparités en matière de patrimoine et de revenus n'ont fait que croître aux États-Unis. Les classes défavorisées doivent cumuler deux ou trois boulots mal payés pour vivre ; en revanche, les P-DG des banques sauvées par l'argent des contribuables engrangent des millions de bénéfices.

Dans une série d'essais, Gray a tiré de ces expériences sa propre conclusion[1] : les doctrines, élaborées au xxᵉ siècle, qui promettaient de résoudre les problèmes de l'humanité ne seraient en réalité que des voies sans issue. Gray a même rompu avec la tradition des Lumières. Selon lui, alors que l'un des plus grands acquis de cette tradition est d'avoir forgé la prise de conscience que les êtres humains devaient prendre eux-mêmes leur vie en main, au lieu de se tourner par des prières vers un Dieu tout-puissant, elle s'est muée elle-même, plus tard, en une doctrine eschatologique : l'humanité serait libérée de tous ses soucis par la technologie et le savoir. Mais ce rêve ne s'est jamais réalisé, car toute solution à un problème crée d'autres problèmes : le progrès économique et la prospérité qu'il entraîne provoquent un accroissement des besoins énergétiques, la consommation énergétique en hausse esquisse à son tour de plus en plus nettement les contours d'une catastrophe climatique. Les machines déchargent, certes, les gens d'un travail physique pénible, mais elles privent dans le même temps toute une classe sociale de sa dignité

---

1. Voir notamment John Gray, *Black Mass. Apocalyptic Religion and the Death of Utopia*, Londres : Penguin, 2008.

et de ses revenus. Dans la recherche médicale, le progrès a abouti à une augmentation de l'espérance de vie qui menace l'équilibre financier des caisses de retraite. Bref, notre inventivité entraîne des conséquences imprévues que nous sommes totalement incapables d'endiguer.

John Gray s'est ainsi retiré dans un pessimisme dystopique qui n'est pas sans rappeler Schopenhauer. La foi en des doctrines politiques n'est rien d'autre qu'un vestige séculier de mythes religieux. La vision optimiste de l'être humain, telle que la représente encore l'humanisme, ne serait que l'héritage d'une conception biblique, à savoir que Dieu aurait créé l'homme à son image. Dans l'exploitation sans scrupules de la nature, Gray voit un héritage d'un vers tiré du premier livre de Moïse, dans lequel les hommes sont incités à dominer la Terre. En réalité, nous ne serions qu'un avatar fortuit de l'évolution, et nous ne pouvons prétendre à aucun statut particulier. Entre-temps, l'espèce humaine ne serait devenue qu'un parasite sur le point d'anéantir son hôte, la planète. Cette exploitation sans vergogne de la nature suscite un dégoût profond chez John Gray, qui spécule, presque soulagé, sur l'éventualité que la Terre, par une sorte de réaction immunologique, se débarrasse de l'humanité.

Quoique loin de partager le dégoût de Gray envers l'humanité, il nous faut reconnaître que sa conception de la croyance humaniste dans le progrès comme vestige de doctrines messianiques est intéressante. Bien sûr, le développement de la civilisation, surtout sur le plan technologique, est impressionnant. En quelques millénaires – l'équivalent, sur l'échelle de l'évolution, à un simple battement de cils –, les sociétés humaines se sont transformées en entités d'une complexité extrême. Cependant, depuis Hiroshima et Nagasaki, l'idée selon laquelle cette évolution serait totalement positive a perdu de sa force de persuasion[1]. Depuis 1945, l'humanité est en mesure, en quelques minutes, de se rayer elle-même de la surface de la Terre ainsi que d'en rayer la plupart des formes de vie. Pourtant, nous ne semblons pas disposés à abandonner la croyance que nous occupons une position privilégiée. Depuis des décennies, les chercheurs nous alertent sur le changement climatique, ce qui ne nous empêche pas de recourir à tous les progrès techniques qui nous facilitent la vie, et ne nous incite en rien à renoncer à quoi que ce soit pour protéger notre planète. Certes, le mot « durabilité » est sur toutes les lèvres, mais, au plus profond de nous, nous semblons avoir toutes les peines du monde à croire qu'il puisse véritablement nous arriver quelque chose – comme si nous étions en effet supérieurs à l'écosystème et que nous avions le droit d'accéder au bonheur, à une vie simple et à la liberté.

_____

1. Robert Jay Lifton, *The Broken Connection. On Death and the Continuity of Life*, Washington : American Psychological Association, 1996.

Et c'est ici justement que se trouve le dénominateur commun des critiques des penseurs précédemment évoqués. Tous déplorent que les citoyens occidentaux considèrent la «société» comme responsable de l'ordre libéral. Quand quelque chose ne fonctionne pas, ou pas de la façon dont il le devrait selon nous, nous pensons que quelqu'un – les parents, la société, les hommes politiques, l'État – n'a pas bien fait son devoir, et il est prié d'y remédier. L'idée que *nous* sommes la société, que la démocratie n'est pas seulement l'affaire des hommes et des femmes politiques, mais aussi celle des citoyens, semble plus que jamais en perte de vitesse[1]. Je crains que Benjamin Barber n'ait raison d'affirmer que la démocratie court un grave danger : quand est élu à la Maison-Blanche un homme tel que Donald Trump – qui a mené sa campagne électorale comme une émission de télé-réalité, qui considère les faits comme librement interprétables et qui réagit à des critiques objectives en ridiculisant ses détracteurs et en les attaquant de façon brutale –, l'ordre libéral est en mauvaise posture.

---

1. Naturellement, cette affirmation est aussi une généralisation. Alors que la plupart des citoyens deviennent de plus en plus passifs, quantité d'initiatives de la société civile ou d'organisations non gouvernementales – de Greenpeace à Médecins sans Frontières – ont vu le jour, auxquelles des citoyens participent, et qui témoignent au contraire d'un sentiment de responsabilité et d'une solidarité considérables envers leurs concitoyens et l'humanité en général. Malheureusement, les résultats mis en lumière par Benjamin Barber indiquent qu'il s'agit plutôt d'exceptions admirables.

Sur le plan politique, la crise profonde que connaît cet ordre tient au fait que nombre de citoyens du monde occidental croient secrètement en l'apparition d'une personne qui trouvera à tous leurs problèmes une solution garantissant la prospérité, la sécurité et le divertissement. Pareille solution n'existe pas, et n'existera jamais : chaque stratégie présente des avantages et des inconvénients, et nul sociologue ou homme politique ne peut prédire comment évolueront l'économie, la politique et la société. Or le souhait des citoyens de s'en remettre à des figures politiques fortes favorise justement l'arrivée au pouvoir des Trump, Poutine, Le Pen et consorts de la droite populiste, qui promettent des solutions radicales à tous les problèmes et ne reculent devant aucune entorse à la réalité. George Orwell a bien mis en évidence la façon dont, dans les régimes totalitaires, cette dernière est systématiquement déformée. Le phénomène Trump montre que même les démocraties libérales ne sont pas protégées contre la déformation délibérée de la réalité.

La bataille pour la nomination du candidat républicain à l'élection américaine puis la campagne de dénigrement entre Hillary Clinton et Donald Trump lors de cette élection aurait pu constituer un spectacle des plus divertissants si Trump n'avait pas été élu président de la dernière superpuissance. Son discours sur les immigrés mexicains aurait pourtant dû suffire à le discréditer comme candidat sérieux. En effet, il a affirmé que le Mexique envoyait aux États-Unis des drogués, des criminels et des violeurs. Mais c'est précisément cette affirmation qui a accéléré sa montée dans les sondages. Par la suite, Trump n'a pas le moins du monde adouci sa rhétorique. Quelques semaines plus tard, il a annoncé vouloir expulser du pays onze millions d'immigrés clandestins. Indépendamment de la dimension morale de cette position, il ne s'agit là que d'une astuce populiste à bon marché, car personne n'est capable d'expliquer comment une telle mesure pourrait être mise en œuvre dans la pratique.

Autre exemple, celui de Marine Le Pen qui, dans les heures suivant le massacre de *Charlie Hebdo*, a appelé au rétablissement de la peine de mort pour les terroristes. Certes, utiliser les tragédies à des fins politiques pour susciter et instrumentaliser à leur profit la colère des citoyens n'a rien d'une tactique inédite pour les populistes. Cependant, la déclaration tonitruante de Le Pen était d'un cynisme presque ridicule, dans la mesure où les attaques terroristes sont le plus souvent des attentats suicides dont les auteurs, portés par une idéologie qui les transforme en martyrs, idéalisent leur mort héroïque.

Le succès croissant de ces populistes, qui est éminemment préoccupant, nous indique en tout cas que, dans les pays occidentaux, un nombre croissant de citoyens ne se donnent plus la peine de réfléchir sérieusement aux problèmes de notre société, préférant accorder leur voix à celui qui saura faire résonner les couches les plus primitives de la psyché humaine (xénophobie, harcèlement, ressentiment). Quand la culture politique est détournée et soumise à pareilles manipulations, l'idée de liberté se retrouve vidée de tout son contenu positif.

Droit au bonheur et vrai Soi

Passivité, mentalité d'enfant gâté et de consommateur nuisent à la vie sociale, mais aussi à la vie privée de nombreuses personnes. À mon sens, cette situation découle en partie de la conception rousseauiste et romantique déjà évoquée : nous sommes tous dotés d'un Soi authentique si profondément enfoui à l'intérieur de nous que nous n'en avons même plus conscience, mais en parvenant à le libérer nous pourrions nous épanouir et mener des vies heureuses et créatives.

Plus précisément, ce mythe se décline de deux façons. Selon la première, portée par quantité d'auteurs, ce sont les personnes dont nous sommes les plus proches, à savoir nos parents, qui nous empêchent de déployer ce vrai Soi. Ainsi, si une personne est malheureuse, c'est en raison d'une injustice qu'elle a subie dans son enfance. Pour retrouver le chemin du bonheur, elle doit, par le biais d'un accompagnement thérapeutique, revivre le traumatisme vécu dans l'enfance. Grâce à ce type de régression, le Soi enfoui, caché et perdu pourra enfin refaire surface, et, par une sorte de renaissance, être libéré.

Selon l'autre courant, le vrai Soi ne peut se déployer qu'à la suite d'efforts ciblés, de discipline entraînant une mue à la manière des papillons, et, une fois libéré, il nous permettra de devenir cette meilleure version de nous-mêmes tant espérée et d'atteindre le bonheur. Nous avons été trop paresseux, nous avons eu les mauvais professeurs, ou une instance quelconque nous a transmis une peur de nous-mêmes, de sorte que nous n'osons pas déployer tout notre potentiel. C'est le concept du développement personnel, qui jouit d'une grande popularité aux États-Unis notamment, et sur lequel je reviendrai dans la seconde partie de cet essai.

Le mythe du vrai Soi a débuté sa marche victorieuse dans les années 1960, quand s'est développé, en Californie surtout, le Mouvement du potentiel humain. Pour les adeptes de ce mouvement, le seul véritable objectif de la vie consiste à réaliser pleinement son potentiel intérieur. Le sempiternel diktat freudien, selon lequel la finalité de la thérapie serait de transformer la misère hystérique en malheur commun, n'est appréhendé là que comme expression d'une culture bourgeoise répressive. En d'autres termes, nous serions capables de bien plus et aurions aussi droit à bien plus !

Dans les décennies 1960 et 1970, les générations issues du baby-boom atteignent l'âge adulte.

Elles n'ont connu ni la misère économique de la crise de 1929 ni les horreurs de la Seconde Guerre mondiale. Leur époque est celle de la croissance économique fulgurante, de l'essor considérable de l'enseignement supérieur, et de la libéralisation des normes culturelles, en particulier dans le domaine de la sexualité. Elles rejettent les valeurs de la génération de leurs parents, qui leur paraissent pitoyables et ridicules : la réussite professionnelle, une voiture et, s'il reste encore un peu d'argent, une nouvelle télé ne sont pour elles nullement des objectifs prouvant une existence bien remplie. Désormais, les valeurs prisées sont la créativité, la liberté et, surtout, l'épanouissement personnel. Renoncer à la plénitude sexuelle pour la stabilité d'un mariage ? Comment a-t-on pu tolérer pareilles limitations alors qu'il est possible, à l'aide de techniques tantriques utilisées depuis des milliers d'années en Inde – ou, tout du moins, c'est ce que prétend le mythe –, d'explorer, avec différents partenaires, des dimensions jusque-là inédites du plaisir sexuel ? À cela s'ajoute la marijuana pour les plus timides et le LSD pour les plus aventureux. Cette nouvelle théologie de libération, propagée par des gourous comme Herbert Marcuse[1] versant marxisme, Norman Brown[2] au nom d'une

---

1. Herbert Marcuse, *Éros et civilisation. Contribution à Freud*, Paris : Éditions de Minuit, 1963 [1955].
2. Norman O. Brown, *Éros et Thanathos. La psychanalyse appliquée à l'histoire*, Paris : Julliard, 1960 [1959].

conception élargie et orgastique de la psychanalyse, et Stanislav Grof[1] pour prôner la libération par le LSD, atteint son apogée dans les révolutions estudiantines de 1968. Pour la jeune génération, le système économique et social dans sa totalité n'est qu'une vaste machinerie répressive, qui relègue les êtres humains au rang de minuscules rouages du capitalisme.

De nouvelles sommités originaires de France, parmi lesquelles Michel Foucault, Gilles Deleuze, Félix Guattari, Jacques Derrida et Jacques Lacan, fournissent le vocabulaire permettant aux étudiants rebelles d'expliquer aux petits-bourgeois qu'ils passent à côté de leur vie. Il fallait laisser parler ses désirs et ne pas s'écraser devant le système – l'affirmation de Trotski selon laquelle le cadre du socialisme scientifique permettrait à tout un chacun d'avoir l'envergure d'un Aristote, d'un Goethe ou d'un Marx était peut-être de l'ordre du possible. Le bonheur et l'épanouissement ne sont pas un luxe auquel aspirer une fois accomplis les devoirs de sa vie professionnelle et familiale, mais bel et bien un droit fondamental ! À la suite de Rousseau, la nouvelle génération demande pourquoi, alors qu'il était né libre, l'homme est partout dans les fers. Pour certains, le paradis sur Terre existe, et il se trouve en Union soviétique

---

1. Stanislav Grof, *Das Abenteuer der Selbstentdeckung. Heilung durch veränderte Bewußtseinszustände. Ein Leitfaden*, Reinbek : Rowohlt, 1984.

ou dans la Chine de Mao (quand bien même ils ignorent à peu près tout de la situation réelle de ces pays). D'autres suivent les hippies et les gourous : en Inde sont connues depuis des millénaires des vérités que l'Occident rationaliste n'a jamais comprises et ne comprendra jamais.

Pour autant, ces grandes idées et ces belles théories ne sont pas toutes de simples chimères. Nombre des arguments que l'on oppose à la société se vérifient de façon empirique. Ainsi, le sociologue américain David Riesman a souligné dans son essai *La Foule solitaire* les changements radicaux qu'avaient connus les États-Unis : la plupart des gens ne se laissent plus diriger par des principes et des convictions ; ils ont perdu leur autonomie. À la place, ils s'efforcent de combler les attentes de leur entourage et de ne pas céder un pouce de terrain à leur voisin dans la course pour se payer le dernier frigo ou la plus belle voiture. L'économiste John Kenneth Galbraith, qui ne peut guère être soupçonné de sympathies marxistes, a souligné, dans ses grands classiques *L'Ère de l'opulence* et *Le Nouvel État industriel,* les changements fondamentaux qu'a connus le capitalisme au xxᵉ siècle : contrairement aux affirmations d'économistes néolibéraux comme Ludwig von Mises et Milton Friedman, le capitalisme non réglementé n'est pas le royaume et le garant de la liberté, mais transforme la société en machines à consommer. Des multinationales comme General Motors, General Electric ou AT&T se sont forgé un tel pouvoir qu'elles peuvent modeler à loisir les besoins des clients, grâce à l'arme fatale de la publicité.

Dans la série télévisée *Mad Men*, qui se déroule dans le milieu de la publicité, le quotidien d'une agence fictive est narré avec beaucoup de précision. Ambiance sexiste à la clé : on peut peut-être recruter des femmes comme secrétaires, mais mieux vaut ne pas leur confier de responsabilités. Si elles veulent progresser dans leur carrière, elles seraient bien inspirées de miser sur le capital érotique. Pour autant, les relations entre collègues masculins ne sont pas plus faciles, soumises à une méfiance et à une concurrence impitoyables. Tout ce qui compte, ce sont les contrats décrochés, et la loyauté est un luxe. Mais surtout, cette série illustre bien la naissance de l'industrie publicitaire. Elle montre comment sont élaborées les stratégies, qui ne visent pas seulement à répondre aux désirs et à l'imagination des clients, mais aussi à créer des besoins. À faire naître chez ces derniers le sentiment que, pour être épanouis dans la vie, ils doivent *impérativement* se procurer de nouveaux produits – qu'il s'agisse d'un paquet de cigarettes, d'une Chevrolet ou d'un lave-vaisselle. L'hypercapitalisme, dans lequel les individus, par l'influence exercée sur leur psyché, se transforment en simples consommateurs, est né. Pour autant, au cours de ces années-là, un mouvement inverse est perceptible, et nombreux sont ceux qui ont le sentiment que le véritable épanouissement, contrairement aux promesses de la publicité, ne se trouve justement pas dans l'acquisition de nouveaux produits. Dans toutes ces critiques formulées à l'encontre des utopies de cette époque, il convient néanmoins de garder à l'esprit que, dans les sociétés précédentes, tout n'était pas rose et que les révolutions des années 1960 ont apporté beaucoup. Notamment en ce qui concerne l'égalité entre les femmes et les hommes ou en matière de sexualité, quand on songe à l'angoisse dans laquelle vivaient auparavant les homosexuels, en butte autant aux poursuites judiciaires qu'à la stigmatisation.

Dès lors, pourquoi les grandes espérances des années 1960 nous paraissent-elles si naïves ? Pourquoi est-il aujourd'hui presque impossible de prendre au sérieux des théoriciens comme Herbert Marcuse ou Norman Brown ? Parce que, entre autres, les promesses érotisées par toute la société d'un autre monde et d'une autre politique ont commencé à sonner creux avec la récession économique des années 1970. Nombre d'étudiants révolutionnaires ont alors davantage cherché à trouver un emploi qu'à faire table rase du passé. Et ceux qui continuaient de penser que l'Occident était la source de tout le mal et devait être détruit ont basculé dans la clandestinité. Les membres de groupes terroristes comme la Fraction armée rouge (RAF) ou les Brigades rouges ont cru pouvoir libérer, par la violence, le monde du capitalisme, du sionisme et autres injustices. Mais l'attrait de ces visions rédemptrices s'est peu à peu délité, et quand il est apparu que l'Union soviétique et la Chine de Mao s'apparentaient davantage à un enfer qu'à un paradis de la justice et de l'épanouissement personnel, la bulle de rêve a éclaté. Les anciens hippies sont devenus les yuppies des années 1980 et les P-DG d'aujourd'hui.

Cependant, le rêve dionysiaque des années 1960 nous a laissé un héritage problématique, car il repose sur la croyance que l'ordre politique libéral, garant de l'expression libre des revendications, ainsi que la richesse économique permettant d'imaginer une vie meilleure sont des acquis, vont tout bonnement de soi, et ne sont pas les fruits d'un remarquable exploit culturel. Plus encore : l'ordre libéral constituerait un système fondamentalement mauvais, et la richesse économique s'achèterait avec les souffrances des opprimés. En fait, les individus pourraient vivre beaucoup mieux. Le bonheur et l'épanouissement personnel seraient des droits fondamentaux, et si la jouissance en était impossible, cette responsabilité devrait, fort logiquement, en incomber à quelqu'un. Mais qui ?

Comme les espoirs d'une révolution politique ne se sont pas réalisés, les utopies sociales et sociétales se sont reportées sur l'individu. Désormais, la promesse ne porte plus sur une révolution, mais sur la découverte du Soi authentique. Des psychologues et des psychanalystes comme Alice Miller, Arthur Janov, Jeffrey Masson ou encore Ronald Laing ont proclamé que la responsabilité du malheur des individus n'était plus à chercher du côté de la société ou de la politique, mais des parents. En effet, tous les individus pouvaient être heureux et créatifs, mais nombre d'entre eux ont été traités de manière injuste dans leur enfance par leurs parents, et dans ces injustices se trouverait la cause de leurs difficultés actuelles. Cette croyance a abouti à une inflation absurde de méthodes psychothérapiques[1].

Leur point de départ : les théories psychanalytiques du Britannique Donald Winnicott. Pour lui, le développement des nourrissons dépend dans une large mesure de la satisfaction suffisante de leurs besoins par les personnes les plus proches[2]. Quand ces dernières – au premier rang desquelles la mère pour Winnicott – exercent trop de contraintes sans respecter la volonté ou le rythme des enfants, ils développent une sorte de couche de protection : un faux-Self, qui donne docilement à leur entourage et ce qui l'environne ce qu'ils demandent. Le plus tragique étant qu'au fil du temps ces enfants perdent le contact avec ce self authentique, clivé. Quand, adultes, ils cherchent une aide psychologique, ils se plaignent d'un sentiment d'irréel, ont l'impression d'agir et de mener leur vie comme en pilote automatique. Aucune de leurs relations

---

1. De soixante-dix à quatre cents approches psychothérapiques différentes, selon les modes de comptage. Voir Raymond J. Corsini, *Handbook of Innovative Psychotherapies*, Bd. 86, Hoboken : Wiley, 1981.

2. Donald Winnicott, *Processus de maturation chez l'enfant. Développement affectif et environnement*, Paris : Payot, 1989 [1965].

aux autres n'est authentique, et ils ont tout oublié de la joie de vivre. La réponse de Winnicott à ces troubles est radicale : le cadre thérapeutique doit offrir aux patients qui en souffrent l'occasion de régresser au stade où ce clivage s'est produit et où ils ont perdu le contact avec leur propre spontanéité, à savoir dans les stades très précoces de l'enfance. Winnicott a mis en œuvre ses idées dans sa pratique thérapeutique : il a réduit la durée des séances avec ce type de patients, et il les prenait parfois sur ses genoux, comme des petits enfants, pour créer un espace propice à la communication préverbale qui, selon sa théorie, permettrait un accès au vrai self.

Au début des années 1970, Heinz Kohut, psychanalyste né à Vienne travaillant et enseignant à Chicago, élabore une nouvelle approche, qu'il baptise «psychologie du Self[1]». Dans sa thèse centrale, Kohut avance que la psychanalyse classique n'a pas correctement saisi la dynamique fondamentale du développement humain. Les jeunes enfants ne sont pas les monstres avides, jouets de leurs pulsions, qu'ont présentés des théoriciens comme Sigmund Freud et Melanie Klein. Ils ne veulent ni coucher avec leur mère ni tuer leur père, mais il leur faut une compréhension empathique de leurs besoins. Si les parents ne sont pas capables d'une telle compréhension, les enfants se

---

1. Heinz Kohut, *Le Soi. La psychanalyse des transferts narcissiques*, Paris : PUF, 2004 [1971].

sentent comme morts à l'intérieur. Pour se maintenir psychiquement en vie, ils finissent par développer des obsessions, sexuelles ou autres, comme le décrit la théorie psychanalytique classique des pulsions. Cependant, ces obsessions ne relèvent pas du développement normal, ainsi que Freud l'a affirmé, mais sont des expressions de l'éclatement d'un Self infantile qui n'est ni compris ni soutenu par son entourage.

Winnicott et Kohut ont radicalement modifié la perspective de la théorie psychanalytique : la vie humaine n'a pas inéluctablement à être complexe, difficile et caractérisée par des conflits. Au classicisme stoïque de Freud, ils opposent une psychanalyse romantique d'inspiration rousseauiste[1]. À l'instar de Rousseau, ils considèrent que les hommes sont fondamentalement bons à leur naissance, et qu'ils le resteraient s'ils bénéficiaient de l'étayage psychologique approprié. Ils deviendraient alors des adultes heureux, créatifs et empathiques. À la différence de Marcuse, Brown et des autres tenants des utopies sociales, Winnicott et Kohut ne croyaient pas que la solution aux problèmes des individus soit à chercher sur le plan politique. Pour eux, le levier se trouvait plutôt dans la modification des relations entre parents et enfants, grâce à laquelle les individus, une fois adultes, pourraient mener une vie heureuse et psychiquement

---

1. Strenger, « The Classic and the Romantic Vision in Psychoanalysis », *op. cit.*

équilibrée. Cette génération de romantiques psy-chanalystes a eu un effet extrêmement positif. Grâce à eux, quantité de thérapeutes ont appris à donner à leurs patients le soutien émotionnel dont ils ont un besoin considérable.

Cependant, dans la psychologie populaire, leurs concepts ont continué à être développés selon des orientations que ni Winnicott ni Kohut n'avaient jamais eues en tête. Dans les pays germano-phones, Alice Miller est sans conteste l'auteure la plus connue à s'inspirer de ces concepts de la psy-chanalyse romantique. Dans ses premiers travaux, elle avance des notions acceptées aujourd'hui par la plupart des psychanalystes. Ainsi, dans un article qui servira de fondement à son best-seller *Le Drame de l'enfant doué*, elle avance que le risque existe, chez les patients qui ont perdu dans leur enfance le contact avec leurs véritables émotions, qu'ils revivent ce traumatisme dans leur psycha-nalyse[1]. Comme ces patients auraient déjà ten-dance à trop s'adapter aux besoins des autres (à commencer par ceux de leurs parents), ils «pro-duiraient» exactement le «matériel» attendu par leur analyste désireux de prouver ses théories ou ses interprétations. Dès lors, ils laisseraient passer leur chance d'accéder, *via* le processus thérapeu-tique, à une vie authentique. Raison pour laquelle, selon Alice Miller, il serait très important que

---

1. Alice Miller, *Le Drame de l'enfant doué. À la recherche du vrai soi*, Paris : PUF, 1992.

l'analyste, dans la mesure du possible, veille bien à ne pas utiliser ses patients pour la satisfaction de ses propres besoins. Au contraire, l'analyste devrait leur donner la possibilité d'exprimer leur souffrance et leur colère d'enfant suscitées par la perte de leur self authentique, afin de se le réapproprier.

Mais ce n'est là que le début : Miller élabore peu à peu une doctrine qu'elle professe apodictiquement. Dans ses nombreux livres, elle s'efforce de persuader ses lecteurs que leur malheur est causé par des mauvais traitements subis dans l'enfance. Pour mener une vie authentique, il conviendrait alors de retrouver et de redonner la place qui lui revient à ce noyau refoulé et oublié de notre personnalité.

En 1970, le thérapeute californien Arthur Janov publie son best-seller *Le Cri primal*[1]. Il y défend la thèse que la souffrance psychique est causée par des traumatismes précoces, et que la seule façon de guérir ces blessures psychiques est de provoquer une catharsis, au cours de laquelle les émotions de souffrance et de colère liées à ces traumatismes sont revécues. Janov, un bel homme charismatique, avait une propension à l'exagération et à l'arrogance. D'entrée, il prétendait sérieusement pouvoir guérir chacun de ses patients. Il promettait ainsi ce qu'aucune des écoles thérapeutiques

---

1. Arthur Janov, *Le Cri primal. Thérapie primale : traitement pour la guérison de la névrose*, Paris : Flammarion, 1978 [1970].

établies ne pouvait envisager. Freud et Jung, par exemple, estimaient être en mesure d'aider considérablement un tiers de leurs patients, un peu un autre tiers, et pas du tout le dernier tiers. Cependant, les promesses de Janov étaient séduisantes, tout comme celles d'Alice Miller.

À la fin des années 1980, Miller explique qu'elle n'est plus psychanalyste. Elle ajoute en outre qu'il convient de rejeter la psychanalyse, qui participerait de la «pédagogie noire» qu'elle dénonce – ce concept a été forgé en 1977 par la sociologue Katharina Rutschky, puis repris par elle, pour qualifier l'intimidation et la violence mises en œuvre dans l'éducation des enfants. Dans ses nombreux best-sellers, Alice Miller promet le soulagement de la souffrance et le cheminement vers une vie authentique. Elle affirme que le sentiment de vide, la quête de la liberté ou la recherche d'une satisfaction perverse des besoins sexuels sont les conséquences d'un manque d'empathie chez les parents ou, pis encore, de mauvais traitements plus précoces. Cependant, à l'exception de quelques études de cas et de l'analyse de quelques biographies d'artistes et d'autres célébrités, elle n'avance pas de preuves empiriques acceptables sur le plan scientifique, qu'il s'agisse d'études de longue durée ou de statistiques entre patients traités et groupes de contrôle.

Les principaux concepts de cette psychologie populaire ont suscité un développement des plus problématiques : de plus en plus d'individus se considéraient comme des victimes et se morfondaient dans l'amertume et le ressentiment. En outre, ces notions ont instauré une confusion conceptuelle dangereuse. Certes, il est scientifiquement avéré que des mauvais traitements infligés dans l'enfance – qu'il s'agisse d'abus sexuels, de violences physiques ou de pratiques éducatives dégradantes – entraînent des traumatismes graves[1]. Mais c'est précisément la raison pour laquelle le concept de traumatisme ne doit pas être banalisé, et vidé de son contenu au point d'englober toute la souffrance humaine. En définitive, le résultat ne se traduit pas par un apaisement psychique accru, mais par la conviction ancrée que notre malheur est dû à une injustice vécue et que l'Univers nous en est redevable. Comme nous le verrons dans la seconde partie de cet essai, il existe de profondes causes structurelles aux ressentis de malheur ou de vide dans une vie humaine, et la santé mentale, pour une part, réside dans la capacité à gérer ces difficultés.

Nul besoin de signaler qu'aucune de ces approches thérapeutiques n'a été, même approximativement, à la hauteur de ses promesses. Certes, Arthur Janov pratique toujours, mais nulle étude empirique ne vient valider l'affirmation selon laquelle il aurait libéré tous ses patients de leurs

---

1. Voir par exemple Marianne Leuzinger-Bohleber, *Frühe Kindheit als Schicksal? Trauma, Embodiment, Soziale Desintegration. Psychoanalytische Perspektiven*, Stuttgart : Kohlhammer, 2009.

traumatismes infantiles. Quant aux autres théoriciens qui s'étaient donné comme objectif de libérer le Soi authentique, ils n'ont pas vraiment mieux réussi. Dès lors, il convient d'essayer de comprendre l'importance de la place qu'ont prise ces théories dans le discours populaire. Les auteurs et les méthodes psychologiques abordés ici ne sont que quelques exemples de ce qui, à l'époque, jouissait d'une influence considérable dans la culture et les médias. Le plus simple, pour réfuter ces méthodes, consiste à qualifier leurs représentants de charlatans, ou pis encore – ce qui s'est d'ailleurs souvent produit[1]. Cependant, démasquer ces gourous ne devrait pas faire perdre de vue l'impact culturel des illusions qu'ils ont façonnées et l'attractivité des fantasmes de délivrance. Les individus ne sont ni désireux ni capables d'assumer le risque de la liberté ou d'appréhender la vie comme une aventure. Nous n'acceptons pas la finitude, nous n'acceptons pas d'être mortels, imparfaits et vulnérables – et qu'il n'existe *a priori* pas la moindre raison pour laquelle nous devrions tous être heureux. Nombre des théoriciens du vrai Soi thérapeutique n'étaient ni des manipulateurs ni des assoiffés de gloire ou d'argent. Beaucoup d'entre eux croyaient à leurs théories pour les mêmes raisons que les millions de lecteurs qu'elles avaient

---

1. Ainsi le fils d'Alice Miller, Martin, raconte dans ses Mémoires qu'il a subi de sa mère ce que celle-ci n'avait cessé de dénoncer. Martin Miller, *Le Vrai «Drame de l'enfant doué»*, Paris : PUF, 2014.

convaincus : ils cherchaient des explications et des responsables à la souffrance et au malheur des êtres humains.

Le mythe du vrai Soi, corrompu par des influences terrestres, par le corps et le monde matériel, qu'il s'agirait pour chacun de retrouver, constitue l'une des expressions les plus puissantes de cette dénégation, et son histoire est très ancienne. La place manque ici pour en explorer dans tous leurs détails son origine, ses variantes et ses différentes expressions[1]. Le plus important est de retenir qu'il provient de la même source que tous les autres mythes, à commencer par les mythes religieux, qui ont nourri l'espoir d'une vie meilleure. L'utopie du vrai Soi et les promesses religieuses de guérison découlent de la prétendue incohérence interne, de la division tragique dont souffrirait l'être humain et qui l'empêcherait de se sentir entier. La guérison, à supposer qu'il en existe une, ne pourrait advenir qu'après de grands tourments, un immense effort ou une douloureuse pénitence, et seulement dans l'au-delà ou dans des temps messianiques. Les voies menant à cette guérison sont présentées de façons très différentes : les écritures sacrées des bouddhistes évoquent un

---

1. Pour en savoir plus sur le sujet, consulter différents travaux comme ceux de Charles Taylor, *Les Sources du moi. La formation de l'identité moderne*, Paris : Le Seuil, 1998 [1989], notamment la deuxième partie. Voir aussi Werner Jaeger, « The Greek Ideas of Immortality. The Ingersoll Lecture for 1958 », *Harvard Theological Review II*, juillet 1959, p. 135-147.

calvaire avec de multiples incarnations, au cours desquelles l'âme s'amende jusqu'à atteindre le nirvana. Pour les chrétiens, il s'agit de la rémission des péchés dans l'au-delà. Dans la kabbale lourianique, c'est le drame métaphysique de la brisure des vases, et la libération des étincelles de lumière divine lors du *tikkoun*, la guérison messianique du monde. L'islam promet aux croyants le paradis, qu'ils peuvent atteindre par le djihad, le combat éternel contre les incroyants, et par la purification.

En revanche, non seulement l'Occident postmoderne a perdu le goût de la dimension tragique de la vie, mais il va même jusqu'à la nier : une vie difficile ou ratée serait la conséquence de quelque chose dont nous avons été privés et que le monde nous devrait. Les enfants sont élevés dans la croyance que leurs parents ont la responsabilité de faire d'eux des adultes créatifs, capables de s'épanouir et de faire preuve d'une dose conséquente de confiance sociale. La société leur doit non seulement une bonne éducation scolaire et des soins médicaux à la pointe de la recherche, mais aussi la reconnaissance, le confort matériel, et le respect de leur identité individuelle et collective. À l'Ouest, le bonheur ne doit plus être un état difficile à atteindre et instable, mais un droit de naissance. Et la liberté n'est plus, comme dans la philosophie classique, le résultat toujours précaire d'un travail permanent sur soi, d'un entraînement existentiel et spirituel constant, mais à l'instar des vacances scolaires, quelque chose qui nous est dû. Ou, pour paraphraser un tube du groupe Queen : «*I want it all, and I want it now.*» Tout, tout de suite.

Nous voici arrivés au point où il nous est possible de formuler le dénominateur commun aux pensées d'intellectuels aussi différents que Houellebecq, Barber, Finkielkraut ou Gray. Tous estiment que nous, citoyens des sociétés d'abondance occidentales, sommes convaincus qu'une vie heureuse relève de nos droits fondamentaux, sociaux, politiques ou personnels. Nul besoin de partager le dégoût que certains d'entre eux éprouvent à l'égard du mode de vie occidental pour en arriver à la conclusion que la thèse postulant que la civilisation occidentale postmoderne, dans son courant dominant tout du moins, a perdu le goût du tragique est fondée. Ce n'est pas sans raisons que des penseurs comme Gray ou le philosophe polonais Leszek Kołakowski n'ont cessé de rappeler que, par rapport au point de vue des grandes religions selon lesquelles l'homme est par nature un être incomplet et imparfait, l'optimisme des Lumières est superficiel. Mais c'est aller un peu vite en besogne. Comme nous le verrons, les modernistes ne manquent nullement d'approches esthétiques, philosophiques et psychologiques pour s'emparer vaillamment du tragique de l'existence humaine et l'analyser en profondeur, en dehors du cadre religieux.

SECONDE PARTIE

La tragédie de la liberté
ou la liberté comme discipline

Les tragiques modernes,
de Baudelaire à Lucian Freud

Le modernisme, né à Paris au milieu du
XIXe siècle, constitue l'une des explorations les
plus fascinantes de la complexité de l'existence
humaine. À la fin du XIXe siècle, il connaît un véritable âge d'or à Vienne, avant de se propager dans
le Berlin de la république de Weimar, pour finalement trouver son aboutissement, après 1945,
sur la scène artistique et culturelle new-yorkaise.
Mon propos ici ne vise nullement à proposer un
panorama exhaustif du modernisme[1], mais à

---

1. Pour découvrir les différents aspects du modernisme, il est
possible de consulter nombre d'excellents ouvrages, notamment
Carl E. Schorske, *Vienne fin de siècle. Politique et culture*, Paris :
Le Seuil, 1983 ; Allan Janik, *Wittgenstein, Vienne et la Modernité*,
Paris : PUF, 1978 [1973] ; Peter Gay, *Modernism. The Lure of
Heresy*, New York : Random House, 2007 ; Roberto Calasso, *La
Folie Baudelaire*, Paris : Gallimard, 2011 [2008] ; Philipp Blom,
The Vertigo Years. Change and Culture in the West, 1900-1914,
Londres : Weidenfeld & Nicolson, 2008, et, du même auteur,
Fracture. Life and Culture in the West, 1918-1938, New York :
Basic Books, 2015.

démontrer, en me fondant sur les œuvres de certains protagonistes majeurs de ce courant, qu'il existe une compréhension moderniste spécifique de la dimension tragique de l'existence humaine, et que celle-ci, sur les plans historique, culturel et intellectuel, nous est plus proche que les grandes religions et la philosophie classique. Dans son ensemble, la sémantique du modernisme renonce à la métaphysique et à la religion, et ses représentants appréhendent l'être humain comme un pur produit de la nature. Ils n'interprètent pas le tragique de la *conditio humana* comme un drame théologique, mais uniquement par le prisme des sciences naturelles et humaines naissantes. En d'autres termes, nous, êtres humains, évoluons de même que toutes les créatures dans un monde régi par des lois causales. En outre, l'évolution nous a dotés de conscience, et nous avons bâti une civilisation complexe qui a libéré des potentiels insoupçonnés. La révolution industrielle du XIXe siècle a entraîné une croissance économique fulgurante qui, en dépit de quelques revers, s'est poursuivie jusqu'aujourd'hui. Le modernisme représente une tentative de comprendre l'existence humaine à l'aune du développement civilisationnel à grande vitesse.

Pour des auteurs tels que Peter Gay, Walter Benjamin ou encore Michel Foucault, le poète Charles Baudelaire peut être considéré comme la figure emblématique du modernisme, voire son fondateur. En effet, Baudelaire a été l'un des premiers à décrire et à analyser le modernisme comme un mode de vie et d'être au monde radicalement différent. Cet aspect ressort particulièrement dans son écrit *Le Peintre de la vie moderne,* consacré à l'illustrateur Constantin Guys. Pour Baudelaire, l'œuvre de ce dernier se caractérise par sa concentration sur l'éphémère, sur des instants de la vie urbaine dont personne ne se souvient ensuite, sur des petites scènes dans lesquelles des individus sans grande fonction sociale jouent souvent un rôle majeur. Sciemment, Baudelaire choisit comme sujet de sa réflexion un artiste peu connu du public, qui en outre ne cherchait nullement à créer des œuvres éternelles, et dont les dessins et aquarelles n'ont jamais été exposés dans des grands musées (d'ailleurs, c'est grâce à Baudelaire si le nom de cet artiste n'est pas tombé dans l'oubli). Les esquisses de Guys illustrant la vie quotidienne à Paris contrastent radicalement avec le néoclassicisme dominant sur la scène artistique française de l'époque, caractérisée par une prédilection pour les sujets issus de la mythologie, dans un style qui s'inscrit dans la pure tradition européenne depuis l'Antiquité et qui souligne la dimension «surhistorique» et éternelle de l'existence humaine. À partir de la posture artistique de Constantin Guys, Baudelaire élabore une définition de la modernité, conçue comme *gestus* héroïque, capacité à la fois à être fasciné par l'éphémère et à envisager la vie sans céder à l'illusion de l'immortalité.

Baudelaire développe sa compréhension de la modernité dans une confrontation constante avec la tradition artistique, mais aussi dans un dialogue hérétique permanent avec le christianisme. Ses conceptions hétérodoxes trouvent tout particulièrement leur expression dans son recueil *Les Fleurs du mal*, qui propulse le poète au Panthéon de l'histoire de la littérature[1]. Baudelaire pose l'existence humaine dans son déchirement tragique entre aspiration à la transcendance et désir de transgression de toutes les lois morales. Le chroniqueur de la décadence et de l'ennui existentiel en réfère ainsi souvent à Dieu et au diable, comme dans le poème ci-dessous, au début du recueil :

La sottise, l'erreur, le péché, la lésine,
Occupent nos esprits et travaillent nos corps,
Et nous alimentons nos aimables remords,
Comme les mendiants nourrissent leur vermine.

Nos péchés sont têtus, nos repentirs sont lâches ;
Nous nous faisons payer grassement nos aveux,
Et nous rentrons gaiement dans le chemin bourbeux,
Croyant par de vils pleurs laver toutes nos taches.

Sur l'oreiller du mal c'est Satan Trismégiste
Qui berce longuement notre esprit enchanté,
Et le riche métal de notre volonté
Est tout vaporisé par ce savant chimiste.

------

1. Peter Gay, *Modernism*, op. cit.

C'est le Diable qui tient les fils qui nous remuent!
Aux objets répugnants nous trouvons des appas;
Chaque jour vers l'Enfer nous descendons d'un pas,
Sans horreur, à travers des ténèbres qui puent.

Ainsi qu'un débauché pauvre qui baise et mange
Le sein martyrisé d'une antique catin,
Nous volons au passage un plaisir clandestin
Que nous pressons bien fort comme une vieille
orange[1].

Baudelaire est l'un des grands penseurs du séisme provoqué par l'émergence du courant moderniste. Ses réflexions sont d'une acuité que seules possèdent celles de Nietzsche. Le poète français a parfaitement conscience que nous, êtres humains, avons besoin de critères moraux et d'un abri métaphysique, tout en mesurant pleinement l'historicité de pareilles béquilles. À l'instar de son œuvre poétique, il se situe sur la ligne de crête entre bourgeoisie et transgression. Toute sa vie durant, il aspire à la stabilité et à la sécurité financière, sans pour autant être disposé, en contrepartie, à renoncer aux excès de la liberté – qu'il s'agisse de sa fréquentation des bordels ou de sa consommation de haschich, les deux représentant pour lui bien plus qu'un divertissement et relevant plutôt de la signification existentielle. Une de ses forces réside dans sa capacité à exprimer sous

---

1. Charles Baudelaire, *Les Fleurs du mal*, Paris : Revue des Deux Mondes, 1857, chapitre 2.

une forme moderne le déchirement inhérent à la condition humaine. La transgression représente pour lui une sorte d'équivalent laïque aux rites religieux. Avec chacun de ses poèmes, qui scandalisent les sensibilités conservatrices et religieuses de son époque, il s'efforce d'exposer la vérité de la condition humaine.

Certes, il serait possible d'arguer que Baudelaire s'est contenté de s'insurger contre une culture petite-bourgeoise et moraliste depuis longtemps dépassée. À notre époque où la sexualité s'est libérée de son corset hétéronormatif, ses tourments vis-à-vis du mal et du péché pourraient surtout paraître anachroniques. Or, cette conclusion est non seulement erronée, mais dangereuse. Le concept du péché n'a nullement disparu, mais se présente seulement sous une autre forme. L'apparente libéralité de notre culture recouvre simplement l'angoisse profonde éprouvée par la plupart des Occidentaux à l'idée de ne pas se trouver dans la «normale». Le nombre de livres et de forums de développement personnel consacrés à la sexualité «saine», à l'amour et au couple ne cesse d'augmenter et a chassé des rayonnages des librairies la plupart des ouvrages de psychologie dignes d'intérêt. Loin de bien vivre avec nos désirs et nos aspirations – qu'ils soient sexuels ou culinaires –, nous semblons en proie à une angoisse constante et au besoin pathologique d'être rassurés. Faisons-nous l'amour assez souvent et comme il faut? Mangeons-nous trop ou pas assez – ou alors trop de viande rouge ? Aujourd'hui, cependant, la peur ressentie à l'égard de nos propres désirs s'est affranchie des prescriptions religieuses : la punition des péchés n'est plus l'enfer, mais le surpoids, la mauvaise forme et, potentiellement, l'infarctus.

La pure corporéité sans idéalisation de l'être constitue un des thèmes centraux du modernisme, comme l'illustre à merveille un autre précurseur de ce mouvement, Gustave Courbet. L'un de ses tableaux les plus célèbres, *L'Origine du monde*, datant de 1866, continue de faire scandale aujourd'hui. Ce tableau représente le buste nu d'une femme allongée, dont la vulve, au centre de la toile, est peinte de façon très détaillée et réaliste. Le musée d'Orsay, où est exposé ce tableau depuis 1995, a affecté spécialement un vigile à sa protection, par crainte des possibles dégradations. Quand, en 2014, le quotidien israélien de la gauche libérale, *Haaretz*, a publié une photo de l'œuvre, il a été submergé de courriers de lecteurs furieux qui menaçaient de résilier leur abonnement. La même année, un utilisateur de Facebook, après avoir posté une photo du tableau sur le réseau social, s'est vu supprimer son compte au bout de quelques heures. Compte tenu du volume d'images pornographiques circulant sur internet, pourquoi ce tableau échauffe-t-il toujours autant les esprits ?

À mon sens, la qualité de *L'Origine du monde* ne tient pas à son caractère prétendument pornographique. Les tableaux de Courbet, même s'ils sont érotiques, ne visent pas à provoquer une excitation. Ils soulignent la pure corporéité du sexe féminin, dans une représentation qui n'est ni idéalisée ni repoussante. Le titre *L'Origine du monde* replace celui-ci dans le contexte de la reproduction et de la naissance – duquel, en général, l'érotisme est largement absent. Car, en général, l'accouchement est associé à la douleur et aux sentiments intenses que nous éprouvons pour le nouveau-né, et non à la sexualité. Dans la représentation qu'il nous livre de l'organe de la naissance, Courbet accomplit un exploit rare : il met en scène la véritable corporéité sans pour autant la priver de sa dimension érotique. Et c'est là, précisément, que réside le scandale de *L'Origine du monde* : le tableau associe le corps de la femme, qui symbolise la naissance et la mort, à l'érotisme, qui évoque pour nous le désir, le plaisir, ainsi que la jouissance de l'instant. Bien évidemment, nous savons que la sexualité et la reproduction sont liées, mais, au quotidien, elles relèvent de sphères culturelles différentes. Avec sa représentation du sexe féminin dans *L'Origine du monde*, Courbet unit la dimension de l'expérience corporelle et celle de la culture, qu'aujourd'hui encore, au xxie siècle, nous nous efforçons de séparer le plus possible.

Mais le modernisme ne s'arrête pas là. À la fin du xixe siècle, à Vienne, des scientifiques, des artistes et des intellectuels révolutionnent la vision de l'homme. Leurs découvertes et leurs œuvres influencent toujours certaines disciplines comme l'architecture, la musique et la philosophie[1]. À l'époque, l'opinion publique était plus que sceptique à l'égard de ces nouveautés, et dans la capitale austro-hongroise la monarchie impériale s'efforçait de préserver l'illusion d'un monde florissant. Dans les salons et les cafés, les conversations allaient bon train sur les acteurs à l'affiche des pièces du Burgtheater ou les ténors et les sopranos du Staatsoper, comme si la continuité politique et culturelle relevait d'une réalité immuable. Cependant, les modernistes pressentaient déjà l'effondrement des formes de sécurité conventionnelles.

En 1894, Gustav Klimt est mandaté, avec Franz Matsch, pour réaliser le plafond de la grande salle de réception de l'université de Vienne. Quand, quelques années plus tard, il présente ses projets, il s'attire les foudres du corps professoral : non seulement l'artiste a bafoué la tradition historico-conservatrice, mais il s'est affranchi de l'ordre social et de sa répartition classique des genres. Dans ses œuvres dominent des représentations

---

1. Il y a quelques années, le chercheur en neurosciences et psychiatre Eric Kandel, qui s'est vu décerner en 2000 le prix Nobel de médecine, a expliqué dans un ouvrage fascinant comment les neurosciences cognitives puisent leurs sources dans le modernisme viennois du tournant de siècle. Voir Eric Kandel, *The Age of Insight. The Quest to Understand the Unconscious in Art, Mind, and Brain, from Vienna 1900 to the Present*, New York : Random House, 2012.

plutôt érotiques de femmes, bien loin des représentations passives classiques. L'érotisme féminin qu'il dépeint possède un impact considérable et irradie une puissance potentiellement aussi éphémère qu'édifiante. En outre, Klimt n'hésite pas à associer sensualité féminine et mort. Dans d'autres tableaux, il peint des femmes dans des positions autoérotiques, accaparées par leur propre plaisir, se passant des hommes, et cette expression de l'autonomie sexuelle féminine constitue à cette époque une véritable menace pour la représentation officielle des femmes.

Les tableaux de Klimt témoignent d'un revirement dans les relations entre les sexes. Dans le monde occidental, la représentation selon laquelle une femme consacre tout son amour à son mari vacille sur ses bases. Et cela, personne ne le sait mieux que les médecins viennois et parisiens. Leurs salles d'attente sont remplies de femmes qui se plaignent de quantité de maux – allant des paralysies et de la cécité jusqu'aux crises de panique – pour lesquels il n'existe aucune explication physiologique[1]. Mais certains maux touchent aussi les hommes : faiblesse généralisée, absence de motivation et impuissance. Face à ces tableaux cliniques, le diagnostic de neurasthénie est posé pour les hommes et celui d'hystérie pour les femmes, sans que l'on sache réellement comment traiter ces maladies. Nombre de

---

1. Philipp Blom, *The Vertigo Years*, *op. cit.*

médecins craignent que les hommes n'aient, par la masturbation, épuisé en quelque sorte dans leur jeunesse leur énergie sexuelle et vitale, au point de se trouver dans un état de «faillite» sexuelle au moment où ils convolent en justes noces. Et, face aux souffrances hystériques des femmes, les médecins sont démunis. Que faire? Poser le diagnostic de manière explicite, à savoir que la cause serait à chercher dans la passivité que leur imposent la société et la répression du plaisir? Ces femmes sont généralement envoyées dans des sanatoriums, où des bains leur sont administrés pour calmer leurs nerfs. Quant à celles des classes défavorisées, elles ne bénéficient d'aucun traitement, ou sont enfermées dans des institutions psychiatriques comme l'immense hôpital de la Salpêtrière à Paris, où elles restent souvent internées des années durant.

Ces signes cliniques courants en cette fin de siècle ne surprennent guère des peintres modernistes tels que Gustav Klimt ou Egon Schiele, des écrivains tels que Arthur Schnitzler ou Hugo von Hofmannsthal et, bien évidemment, Sigmund Freud lui-même, qui considèrent les valeurs morales de l'époque comme une façade friable derrière laquelle la réalité est dissimulée. Réalité qu'ils se donnent alors pour mission d'exposer. Klimt rassemble autour de lui un groupe de jeunes artistes talentueux et fonde le mouvement de la Sécession viennoise, très influant au sein du modernisme. Ce mouvement critique les formes traditionnelles, dans l'art mais aussi au sein de la société, et développe des pratiques révolutionnaires. Egon Schiele, l'un des protégés les plus talentueux de Klimt, apprendra à son corps défendant que semblables expériences sont très loin de susciter l'approbation. En 1911, alors âgé de vingt et un ans, il s'installe avec sa compagne Wally Neuzil, dix-sept ans à l'époque, à Český Krumlov, dans la République tchèque actuelle. Là-bas, leur mode de vie choque, et bientôt le couple se réinstalle dans un village de Basse-Autriche. Mais les habitants n'approuvent pas le style de vie du jeune couple. Schiele est accusé d'abus sexuels sur mineures et placé en détention préventive. Les accusations se révèlent non fondées, mais l'artiste passe tout de même en prison vingt-quatre jours au total pour «propagation de dessins indécents».

Aujourd'hui, Schiele étant reconnu comme un artiste majeur du XXe siècle, il pourrait être tentant de mettre sa condamnation sur le compte de la morale petite-bourgeoise des habitants d'un bourg reculé d'Autriche, mais ce serait passer à côté d'un aspect essentiel de son œuvre. Nous pouvons supposer que les juges ayant condamné Schiele connaissaient la tradition millénaire de la représentation de la nudité des corps et des sexes masculin et féminin, souvent dans un contexte érotique. Le scandale suscité par les tableaux de Schiele est ailleurs, à rechercher sur un plan plus profond que leur contenu sexuel explicite. Ils montrent l'être humain dans sa nudité insupportable, et de ce fait exemplifient ce que le philosophe et critique d'art américain Arthur Coleman Danto a décrit à propos de l'œuvre de Lucian Freud[1] (le petit-fils du fondateur de la psychanalyse) : alors que la tradition artistique occidentale, dans l'Antiquité aussi bien qu'à la Renaissance et plus tard à l'époque classique, a représenté le corps idéalisé dans le *nu*, des artistes comme Lucian Freud mais aussi Schiele ont peint l'être humain dans sa *nudité véritable*. D'ailleurs, Lucian Freud choisit souvent des modèles qui ne correspondent pas du tout à l'idéal de beauté de son époque, comme l'artiste de performance Leigh Bowery, affichant un surpoids et un physique presque difforme. Lucian Freud a le talent de représenter le corps humain dans son impitoyable matérialité. Et Schiele aussi dépouille dans ses tableaux les êtres humains de toutes les couches de protection que la civilisation met à notre disposition. À la différence de Gustave Courbet, Egon Schiele et Lucian Freud ne nous laissent pas même le réconfort de l'érotisme ; et ils nous rappellent par leurs œuvres que les corps ne sont en définitive rien d'autre qu'un tas d'os, de muscles, de graisse et de tendons. En refusant toute distanciation anatomique, la représentation que donne Schiele du corps humain exprime toute l'angoisse de la vulnérabilité existentielle avec une intensité qui fait de lui l'un des

---

1. Arthur C. Danto, « Lucian Freud », in *La Madone du futur*, Paris, Le Seuil, 2003 [2001], p. 29-39.

grands représentants de l'expressionnisme. Nous verrons aussi comment notre culture en apparence hyperlibérale est également en proie au conflit entre corporéité et conscience et se débat avec les angoisses que ce conflit suscite.

Superwomen et normopathie

Il serait vraiment tentant de penser que les thèmes de prédilection des modernistes – conflit, tragique, corporéité, différence des sexes, et la difficulté à vivre dans une civilisation urbaine où tout va vite – appartiennent au passé. À l'heure actuelle, les œuvres de Baudelaire, de Courbet ou de Schiele possèdent-elles encore une véritable pertinence? N'avons-nous pas dépassé depuis longtemps les inhibitions de la bourgeoisie victorienne? Des expositions présentent de nos jours l'œuvre du défunt Robert Mapplethorpe, qui a photographié sous tous les angles et dans toutes les variations possibles des sexes (surtout masculins), des scènes sexuelles et sadomasochistes; au cinéma, même dans les films destinés au grand public, il est assez courant de montrer des acteurs et des actrices nus. Même les néosexualités, qui autrefois étaient qualifiées de «perversions», sont désormais acceptées. Dès lors, ne pourrions-nous pas en déduire que les postmodernes ont fait la paix avec leur apparence corporelle?

Or, il s'agit d'une illusion d'optique, et rien n'est plus éloigné de la réalité. Aujourd'hui, la corporéité n'est plus vécue comme la première source de bonheur, mais comme une expression de la nature qu'il convient d'améliorer et de contrôler à grand renfort d'entraînements, de suivi, de régimes, de sport, de traitements psychopharmacologiques et de chirurgie plastique. Par ailleurs, l'angoisse devant cette corporéité n'a nullement disparu, c'est même plutôt l'inverse. Comme le souligne l'historienne de la culture Camille Paglia, nous, postmodernes, n'avons toujours pas fait la paix avec la nature ni avec le corps[1]. L'espace public est surchargé d'images publicitaires présentant des femmes anorexiques et des hommes extrêmement musclés, dont les corps ont été retouchés sous Photoshop. Le résultat? Il s'observe dans tous les clubs de gym, sur les rameurs, tapis de course et steppeurs, objets de prédilection de ce culte obsessionnel de la forme.

Autre aspect de cette corporéité mal aimée : le processus de vieillissement. L'humanité n'a pas encore trouvé le moindre plaisir dans le vieillissement, ainsi que le prouvent tous les mythes de fontaines de jouvence propagés depuis des millénaires.

---

1. Camille Paglia, *Sexual Personae. Art and Decadence from Nefertiti to Emily Dickinson*, New Haven, Yale University Press, 1990.

D'ailleurs, toute une industrie s'affaire actuellement à transformer ce rêve en une activité colossale et profitable reposant sur des fondements scientifiques. Des hommes très intelligents, comme l'inventeur et entrepreneur Ray Kurzweil, proclament d'ailleurs le nouvel évangile de l'immortalité induite par la technologie : dans quelques décennies, grâce aux nanotechnologies, à la thérapie génique et aux innovations biochimiques, nous serons en mesure de préserver la jeunesse de notre corps, voire de le rajeunir[1]. Kurzweil constitue peut-être un cas extrême ; pour autant, la civilisation occidentale fait tout pour refouler de l'espace public le vieillissement et les infirmités. L'inesthétique est confiné dans les maisons de retraite et les hôpitaux[2].

Même les rôles de genre, qui certes et fort heureusement ne sont plus aussi rigides que dans la Vienne ou le Londres du XIXe siècle, demeurent une source constante d'angoisse, celle de ne pas répondre aux critères éminemment complexes de la féminité et de la masculinité « véritables » et « saines ». Bien sûr, les pathologies névrotiques du tournant de siècle, au premier rang desquelles l'hystérie, ont disparu des sociétés postmodernes ; pour autant, les souffrances liées aux attentes sociales et culturelles sont encore très vivaces,

1. Ray Kurzweil, *Humanité 2.0. La Bible du changement*, Paris : M21 Éditions, 2007 [2006].

2. Sheldon Solomon, Jeff Greenberg et Tom Pyszczynski, *The Worm at the Core. On the Role of Death in Life*, New York : Random House, 2015.

et ont simplement adopté d'autres formes. Alors qu'autrefois les femmes mais aussi les hommes, enfermés dans des rôles stricts, redoutaient leur propre sexualité, aujourd'hui ce sont des idéaux totalement irréalistes sur la masculinité, la féminité et les relations de couple qui sont source de souffrances, ainsi que les représentations visuelles omniprésentes des succès de quelques «happy few». Dans les grandes villes, les 0,5 % de la frange supérieure de la pyramide socio-économique donnent le *la* : avec leurs revenus parfois indécents, les riches font flamber les prix de l'immobilier, et leurs réussites s'étalent dans les médias. Les autres, ceux qui n'appartiennent pas à cette classe de privilégiés – et qui représentent mathématiquement les 99,5 % restants –, ont quant à eux l'impression d'avoir échoué. Pourtant, ces 99,5 % ignorent souvent que l'infime minorité des privilégiés est elle aussi rongée par le sentiment de n'avoir rien accompli de spectaculaire, et qu'elle vit avec l'angoisse profonde suscitée par la sensation de l'absurdité de la vie, que j'ai traitée dans un autre essai[1]. Comme Eva Illouz l'a démontré de façon convaincante[2], toutes ces évolutions induisent une crainte omniprésente de ne pas correspondre à ces idéaux culturels, et généralisent le recours à des guides plus ou moins professionnels livrant des

---

1. Carlo Strenger, *La peur de l'insignifiance nous rend fous*, op. cit.
2. Eva Illouz, *Saving the Modern Soul. Therapy, Emotions, and the Culture of Self-Help*, op. cit.

recettes contradictoires sur la façon de s'alimenter correctement, d'investir judicieusement, d'être à l'écoute de ses enfants tout en les poussant le plus loin possible pour qu'ils réussissent. À l'hystérie de l'époque de Freud s'est substituée, ainsi que le souligne la psychanalyste néo-zélandaise Joyce McDougall, la normopathie[1], c'est-à-dire la tentative désespérée d'être à la hauteur des normes d'excellence de notre société.

Le volume considérable de livres, d'émissions et d'articles consacrés au défi, pour les femmes surtout, consistant à concilier exigences professionnelles et vie familiale, souligne que notre époque ne s'est nullement débarrassée des angoisses du passé, mais s'est contentée de leur conférer une nouvelle forme[2]. Certes, la plupart des femmes continuent de choisir d'avoir des enfants, mais la pression résultant de ce choix n'en est que plus forte, car dans la plupart des couples de notre société actuelle, les deux conjoints sont contraints de travailler pour avoir un niveau de vie correct. Dès lors, la plupart des femmes n'ont pas d'autre choix que d'avoir une activité professionnelle. Celles qui souhaitent concilier ambition professionnelle

---

1. Joyce McDougall, *Plaidoyer pour une certaine anormalité*, Paris : Gallimard, 1978.

2. Eva Illouz, *Why Love Hurts. A Sociological Explanation*, Cambridge : Polity, 2013. Dans cet essai, Eva Illouz accorde une place centrale à l'expérience des femmes, mais à mon sens, nombre des arguments qu'elle expose s'appliquent aussi aux hommes.

élevée et vie de famille se retrouvent souvent tiraillées entre un sentiment de culpabilité à l'idée de négliger leurs enfants et la frustration de devoir sacrifier pendant les années décisives leur activité professionnelle à leur rôle de mère. En définitive, les superwomen à la Sheryl Sandberg, qui parviennent à mener de front maternité et carrière de premier plan dans les plus grandes entreprises du secteur des nouvelles technologies, suscitent chez quantité de femmes un complexe d'infériorité, comme ma pratique clinique me l'a montré. Et les hommes ne sont guère mieux lotis : les métrosexuels sont tiraillés entre l'injonction à prouver leur virilité – par leur musculature, la pratique de sports extrêmes, une carrière de premier plan ou, idéalement, les trois – et celle de se montrer un ami, un conjoint ou un père empathique, à l'écoute des besoins de leur compagne et de leurs enfants. Dans mon cabinet, je reçois beaucoup d'hommes qui, à l'approche de la trentaine ou de la quarantaine, sont angoissés à l'idée de passer à côté d'une grande carrière – quand ils ne souffrent pas à l'idée d'avoir déjà loupé le coche et d'être condamnés à la médiocrité.

L'idée que tous, nous devons travailler en permanence sur nous ne concerne pas seulement le corps. Ainsi, l'un des mythes les plus populaires de l'époque postmoderne affirme que dans le domaine professionnel et social aussi tout est possible, dès lors que nous ne ménageons pas

nos efforts[1]. Cette idée est profondément enra-
cinée dans la théologie puritaine et dans le trans-
cendantalisme américain, qui affirme que le vrai
Soi est non un papillon sortant de sa chrysalide,
mais le résultat d'un dur labeur indispensable à
son émergence et son déploiement.

Cette variante du mythe du vrai Soi renvoie
à un thème universel, le besoin de reconnaissance comme composante centrale de la psyché
humaine. De nombreux individus rêvent d'accomplir quelque chose qui leur apportera la gloire. Certains imaginent une carrière spectaculaire dans des
professions classiques ou comme entrepreneur,
et les sportifs espèrent percer dans leur domaine.
Et, pour ceux qui seraient privés de telles options
par manque de prédispositions ou de finances, la
société capitaliste postmoderne a créé de nouvelles voies vers la célébrité, grâce aux émissions
de télé-réalité – qui, ces dernières décennies,
comptent partout dans le monde parmi les for-
mats télévisuels les plus lucratifs. Ces émissions
vendent aux téléspectateurs comme aux participants la promesse que tout le monde a la possibilité de devenir célèbre du jour au lendemain.
Elles reposent encore et toujours sur le mythe du
vilain petit canard qui se métamorphose en cygne.
Alors que, dans certaines émissions, les participants doivent en plus chanter, danser ou défiler

---

1. Pour une analyse de ces aspects de ce mythe, voir Carlo
Strenger, *La peur de l'insignifiance nous rend fous, op. cit.*

comme des mannequins, dans d'autres, comme *Big Brother*, ce n'est même plus nécessaire : les participants accèdent à la célébrité du simple fait d'avoir réussi à passer dans l'émission ; et plus longtemps ils y restent, plus leur célébrité est forte. À croire que la prophétie d'Andy Warhol s'est finalement réalisée, et que chacun a bel et bien le droit à son quart d'heure de célébrité.

Pourtant, derrière la télé-réalité et tous ces slogans publicitaires comme «*Just do it !*» (Nike) ou «*Impossible is nothing*» (Adidas), le mensonge subsiste, car quantité de choses, justement, sont impossibles[1]. Tout d'abord, en restant à un niveau élémentaire du raisonnement logique, tous les êtres humains ne sont pas capables de performances exceptionnelles. Plus le nombre d'individus atteignant un niveau élevé s'accroît, plus leurs performances s'inscrivent, par définition, dans la moyenne. L'écrasante majorité d'entre nous devra donc accepter l'idée que jamais nous ne réaliserons quoi que ce soit d'exceptionnel dans notre vie professionnelle, en sport ou dans un domaine artistique. Ce constat est peut-être douloureux, mais il s'agit d'un fait avéré, et le nier est susceptible d'entraîner des conséquences désastreuses.

Il est intéressant de remarquer que, dans la dernière décennie, cette éthique de l'excellence croise les aspirations précédemment évoquées de

---

1. *Ibid.*, chapitre 2.

transcendance, d'expansion de conscience et de romantisme; et que leur combinaison produit un idéal totalement irréaliste laissant entendre qu'il serait ainsi possible de coupler harmonieusement la quête de l'excellence et la créativité ludique et authentique.

En résumé : dans les années 1960 et 1970, nous avons les hippies, à la recherche de créativité, de liberté et d'expériences de vie, auxquels succèdent, dans les années 1980, des yuppies aux ambitions plus carriéristes; et ces derniers sont remplacés par les bobos – les bourgeois bohèmes[1] –, qui conjuguent le désir d'une sécurité bourgeoise et l'idéal de l'autoréalisation créative, et s'imposent une forte pression dans les deux domaines. Certes, l'ambition professionnelle est présente, mais il n'est plus question de dur labeur, plutôt de processus passionnants permettant de s'épanouir et de se réaliser. En parallèle, on pratique des sports extrêmes, on cuisine, on savoure, on se nourrit sainement, et tout est à l'avenant. Pour autant, comme ma longue expérience de thérapeute me l'a prouvé, cet idéal bobo est devenu une source d'angoisse supplémentaire[2]. En proie aux doutes et aux ressentiments, nombreux sont ceux qui se demandent

---

1. David Brooks, *Les Bobos*, Paris : Éditions Florent Massot, 2000.
2. Carlo Strenger, *The Designed Self. Psychoanalysis and Contemporary Identities*, Londres : Routledge, 2004.

comment les autres bobos réussissent apparemment à concilier avec autant de facilité réussite professionnelle et mode de vie cool[1].

Il est ainsi possible de reconnaître, dans son expression contemporaine, un enjeu connu, à savoir la représentation selon laquelle il existerait un bonheur total et durable auquel nous aurions tous droit. Une conception que les grands modernistes ont pour leur part rejetée. Et, comme nous le verrons dans le chapitre suivant, les résultats des neurosciences cognitives leur donnent raison.

---

1. *Ibid.* et Carlo Strenger, *La peur de l'insignifiance nous rend fous, op. cit.*; voir aussi Eva Illouz, *Why Love Hurts, op. cit.*

La liberté intérieure : Sigmund Freud et les neurosciences cognitives

Personne, ou presque, n'a contribué avec autant de précision à la compréhension de la psyché humaine que Sigmund Freud, le théoricien le plus influent du modernisme. C'est à Freud que l'on doit la formulation en langage scientifique des intuitions des grands artistes de son époque, intégrées ensuite dans l'édifice théorique de la psychanalyse. Jusqu'au milieu du XIXᵉ siècle, les penseurs des Lumières ont cru en la rationalité de l'être humain et pensé que le progrès ne visait pas seulement à la maîtrise de la nature, mais aussi à la poursuite du développement de l'humanité. Sur ce point, des philosophes comme Descartes, Leibniz, Locke, Hume ou John Stuart Mill défendaient un point de vue relativement optimiste. L'apport historique de Freud consiste principalement dans un élargissement, selon deux axes essentiels, de notre vision de l'être humain. D'une part, il éclaire d'un jour nouveau le domaine de l'irrationnel qui avait toujours constitué une énigme pour les penseurs des Lumières. À la différence de nombreux romantiques, qui voient dans l'irrationnel une force mystique, Freud ne l'idéalise nullement, mais l'étudie avec les moyens de cette science nouvelle qu'est la biologie de l'évolution. Il espère ainsi pouvoir expliquer par une base biologique les névroses et les psychoses, auxquelles il est confronté dans sa recherche clinique. Même si, dans ce domaine, certaines de ses hypothèses peuvent sembler dépassées aujourd'hui[1], son espoir s'est réalisé. Comme l'a montré Eric Kandel dans différentes études[2], Freud compte parmi les précurseurs des neurosciences cognitives.

La thèse centrale de Freud, qu'il a développée dans de nombreux essais et livres, pose que l'être humain est une créature impossible. Cela parce que les différentes couches évolutionnistes de la

---

1. La raison principale pour laquelle les hypothèses évolutives de Freud sont aujourd'hui tombées en désuétude tient au fait qu'il était lamarckien – en d'autres termes, il considérait que les conditions de vie modelaient le matériel génétique. Cette conception se conçoit aisément d'un point de vue historique, d'une part parce que la rivalité des thèses évolutionnistes (darwinisme contre lamarckisme) a été tranchée en faveur de Darwin dans les années 1920 seulement, d'autre part en raison de cette légère connotation anachronique des hypothèses freudiennes. Voir Frank J. Sulloway, *Freud : Biologist of the Mind. Beyond the Psychoanalytic Legend*, New York : Harpercollins, 1980, et Carlo Strenger, *Freud's Legacy in the Global Era*, Londres : Routledge, 2015.

2. Eric Kandel, *Psychiatrie, Psychoanalysis and the New Biology of Mind*, Lake St-Louis : American Psychiatric Association, 2005.

psyché humaine sont constamment en conflit. Alors que certaines pourraient saisir de manière plus ou moins réaliste l'environnement extérieur, d'autres en revanche, pas moins puissantes, refusent d'abandonner des désirs archaïques irréalistes. Pour Freud entrent par exemple dans cette catégorie les désirs d'être protégé par des figures d'autorité toutes-puissantes – comme les parents, tels qu'ils sont appréhendés dans la petite enfance –, de fusionner avec les objets d'amour ou de ne jamais être confronté à des situations dans lesquelles nous perdons face à des rivaux. Quand nous y réfléchissons, nous savons généralement que ces souhaits sont irrationnels, et pourtant ils n'en demeurent pas moins inconsciemment présents. Dès lors, l'être humain est condamné, de par sa nature même, à vivre avec des conflits qui ne peuvent se résoudre que de façon temporelle et partielle.

Cette compréhension représente l'un des apports historiques de Freud, auquel s'ajoute un autre aspect particulièrement pertinent pour cet essai. J'ai déjà évoqué que toutes les grandes religions et écoles philosophiques ont cherché à comprendre la tendance qui pousse l'être humain à être malheureux, les raisons pour lesquelles il considère ne pas vivre pleinement sa vie, ainsi que son incapacité à appréhender et modeler cette dernière de façon rationnelle. Au cours des siècles, des explications ont été avancées, dont certaines ont influencé durablement la civilisation occidentale. Il suffit de penser au mythe de la chute, renforcé par Augustin dans la théorie du péché originel, et à son influence considérable sur l'histoire du christianisme. Le combat entre l'esprit et la chair devient un thème essentiel d'une tradition expliquant en premier lieu les souffrances humaines en termes moralistes. Une part de la fascination millénaire exercée par les grandes religions tient au fait qu'elles offrent d'une part, une interprétation prégnante du sentiment d'incomplétude et, d'autre part, la promesse d'une rédemption, tout du moins dans l'au-delà. Avec les Lumières, cet espoir se voit certes rapatrié dans ce monde-ci, mais la promesse d'un éventuel paradis sur Terre est loin de pouvoir être honorée, puisque, après avoir modelé les expériences du communisme et du fascisme, suscitant des souffrances infinies, elle se retrouve à présent pour ainsi dire individualisée et déléguée à chacun. De même, le mythe du post-capitalisme – le bonheur pourrait s'acheter ou s'obtenir par un dur labeur – est passablement écorné, relégué au rang de chimère.

Henri Ellenberger, le grand historien de la psychologie des profondeurs modernes, estime que l'une des principales contributions historiques de Freud est d'avoir réhabilité en termes modernes le concept gréco-romain de la formation consciente du Soi par une discipline psychique s'étendant de la vie[1]. Freud se rattache ainsi à deux écoles

---

1. Henri Ellenberger, *Histoire de la découverte de l'inconscient*, Paris : Fayard, 2001.

philosophiques influentes, les stoïciens et les épicuriens, qui partageaient l'intuition fondamentale de la relative impuissance de l'être humain. L'individu n'a pas le pouvoir de contrôler son environnement, et se trouve constamment exposé à des forces bien supérieures aux siennes. La souffrance humaine, pour les épicuriens, résulterait essentiellement du fait que les êtres humains désirent toujours plus que ce qu'ils peuvent obtenir. Tous, nous souhaitons pouvoir, célébrité et reconnaissance, mais seule une poignée d'entre nous y parvient – qui plus est de façon temporaire. Si nos désirs sont exaucés, nous sommes aussitôt submergés par la peur de perdre ce que nous venons d'obtenir ; si la satisfaction de ces désirs nous est refusée, nous sommes taraudés par la frustration. Pour réduire la souffrance humaine, la seule voie consisterait, pour les épicuriens comme pour les stoïciens, à modifier les données de l'équation – et plus précisément leur taille – sur lesquelles nous pouvons exercer un pouvoir : nos désirs et nos aspirations. Tant que nous continuons à désirer plus que ce que nous pouvons obtenir, nous sommes condamnés à la souffrance morale permanente, que nous pouvons atténuer uniquement en nous demandant, premièrement, lesquels de ces désirs et aspirations ont le plus de probabilités de se réaliser et, deuxièmement, lesquels sont nécessaires. Si, par une réflexion menée avec le recul approprié, nous parvenons à établir cette distinction, il nous faut ensuite, par un entraînement méthodique, apprendre à renoncer aux désirs irréalistes et non nécessaires. Pour les stoïciens comme pour les épicuriens, l'ascèse n'est nullement un aveu de péché et de regret, seulement le résultat de la compréhension de la structure fondamentale de la réalité interne et externe.

Dans la lignée de ces traditions philosophiques, Freud conçoit la psychanalyse comme un exercice d'ascèse. La thérapie viserait à atteindre une liberté intérieure permettant aux patients d'identifier leurs tendances inconscientes et, ainsi, de les maîtriser[1]. À la différence d'auteurs postmodernes comme Janov ou Alice Miller, Freud ne soutient jamais la position que le bonheur est un dû ; pour lui, les névroses ne sont pas causées par une quelconque privation qu'exercent les parents ou la société à l'encontre des individus, mais par la nature même de la vie, émaillée de conflits insolubles auxquels chacun doit se confronter. « Le malaise dans la culture », pour reprendre le titre de l'un de ses derniers essais, est une constante anthropologique : nous devons lutter sans cesse contre la tendance à la satisfaction rapide et facile de nos pulsions, car sinon nous ne serions pas en mesure d'assumer les obligations inhérentes au travail, à la morale et à la vie familiale. Dans son exigence de maturité psychique, Freud fait toujours preuve de cohérence : il refuse toute forme de

---

1. Sigmund Freud, « Observation sur l'amour de transfert », in *La Technique psychanalytique*, Paris : PUF, 1981 [1914].

consolation métaphysique et interprète la religion comme une fixation sur l'illusion infantile d'occuper une place spéciale dans l'Univers et d'être protégé par des forces toutes-puissantes. Pour Freud, la santé psychique signifie être en capacité de gérer les frustrations et les limitations inéluctables de la vie. Comme il le formule déjà en 1895 dans un paragraphe célèbre de ses *Études sur l'hystérie*, le traitement psychanalytique ne vise nullement l'obtention du bonheur :

> *J'ai très souvent entendu mes malades m'objecter, quand je leur promettais un secours ou une amélioration par le procédé cathartique : «Mais vous dites vous-même que mon mal est en rapport avec les circonstances de ma vie, avec mon destin. Alors comment pourrez-vous m'aider?» J'ai alors donné la réponse suivante : «Certes, il est hors de doute qu'il serait plus facile au destin qu'à moi-même de vous débarrasser de vos maux, mais vous pourrez vous convaincre d'une chose, c'est que vous trouverez grand avantage, en cas de réussite, à transformer votre misère hystérique en malheur banal. Avec un psychisme redevenu sain vous serez plus capable de lutter contre ce dernier[1].»*

Comme nous sommes loin, ici, de la mentalité du tenu pour acquis des gourous postmodernes, tout comme de l'illusion que nous pourrions combler toutes nos aspirations si nous travaillions

---

1. Sigmund Freud et Josef Breuer, *Études sur l'hystérie*, Paris : PUF, 2002 [1895].

suffisamment sur nous-mêmes ! Rien de surprenant, dès lors, à ce que les tenants du droit au bonheur aient vu dans Freud l'un de leurs plus grands adversaires. Ils ont cherché à le discréditer, le présentant comme un tyran autoritaire que les souffrances de ses patientes n'avaient jamais vraiment intéressé. En outre, ils passaient totalement à côté de l'objectif de la psychanalyse défendu par Freud : «une plus grande liberté psychique». Pour y parvenir, une ascèse est nécessaire, un travail permettant de vivre avec cette vérité.

Comprenons-nous bien : je ne préconise nullement un retour indifférencié à la théorie de Freud et à ses recommandations en matière de pratique thérapeutique. Dans un autre essai, j'ai d'ailleurs expliqué en détail les raisons pour lesquelles un retour à Freud aujourd'hui ne peut justement pas se résumer à cela[1]. L'héritage de Freud pertinent pour notre époque consiste davantage dans l'idée que la dynamique psychique humaine n'est pas faite pour une homéostasie du bonheur. Cette thèse est renforcée aujourd'hui par les découvertes des neurosciences cognitives et, grâce aux avancées de la biologie moderne, reformulée et étayée de façon convaincante par des résultats empiriques. Par exemple, Daniel Gilbert, professeur de psychologie à Harvard, a démontré dans une série d'expériences que nous nous trompons de façon répétée sur ce que nous apportent le calme

---

1. Carlo Strenger, *Freud's Legacy in the Global Era, op. cit.*

et la satisfaction de nos désirs[1]. Cet auteur réfute ainsi deux mythes contemporains. D'abord celui selon lequel la réussite financière nous rendrait plus heureux; ensuite, la croyance que nous le serions davantage en ayant davantage de choix[2]. Gilbert démontre que notre sentiment de bonheur, même après de grandes réussites ou des événements qui modifient profondément notre vie (par exemple gagner au Loto), revient à son niveau antérieur au bout de quelques mois. En outre, la conscience permanente de toutes les alternatives possibles nous prive de la capacité à profiter de ce que nous avons[3]. Dès lors, Gilbert considère que nous, êtres humains, serions seulement en mesure de nous protéger de déceptions incessantes en faisant le contraire de ce à quoi la société de consommation nous incite : nous ne devrions pas désirer tout, mais comprendre que trop de désirs aboutit seulement à nous priver de la sensation de

---

1. Daniel Gilbert, *Et si le bonheur vous tombait dessus*, Paris : Robert Laffont, 2007.

2. Daniel Kahneman et Angus Deaton, « High Income Improves Evaluation of Life, but Not Well Being », *Proceedings of the American Academy of Science*, 107/38 (2010), p. 16489-16493.

3. Barry Schwartz tire des conclusions similaires. Voir *Le Paradoxe du choix. Et si la culture de l'abondance nous éloignait du bonheur*, Paris : Marabout, 2009. Daniel Kahneman, lauréat du prix Nobel, ainsi que d'autres ont montré que la nature humaine n'est tout simplement pas faite pour le bonheur stable. Voir Daniel Kahneman, « Objective Happiness », in *Well-Being. The Foundations of Hedonic Psychology*, publié en collaboration avec Ed Diener et Norbert Schwarz, New York : Russell Sage Foundation, 2003, p. 3-25.

la véritable satisfaction. Un choix fécond, face à toutes les interprétations de la psychologie populaire qui nous entraînent sur une fausse piste en ignorant la réhabilitation freudienne des conceptions stoïciennes et épicuriennes – soit, en termes clairs : même sans avoir été victimes de traumas ou d'abus dans l'enfance, nous souffrons d'un excès de désirs et d'envies.

Mon plaidoyer pour l'ascèse épicurienne ne se limite nullement à une critique simpliste de la société de consommation. Personnellement, je suis un grand amateur de produits Apple. J'adore leur esthétique simple et limpide, les solutions élégantes qu'ils offrent aux problèmes du quotidien, par exemple la possibilité de créer un mémo en voiture sans avoir à lâcher le volant, ou d'envoyer à ma femme des photos depuis le supermarché afin qu'elle me dise quels steaks elle veut pour le dîner. Et, bien évidemment, mon smartphone m'a plusieurs fois tiré d'affaire, quand il était soudain impossible de retrouver la présentation PowerPoint d'une conférence. Bien sûr, je sais pertinemment que les produits Google ou Microsoft proposent nombre de fonctions identiques. Mais, justement, ma préférence pour Apple tient à l'esthétique de ses produits – et j'ai pleinement conscience d'être de ce fait une victime consentante de la stratégie de la multinationale à la pomme. Comme des centaines de millions d'autres clients, j'ai en 2013-2014 attendu avec impatience la sortie de l'iPhone 6. Je me suis laissé fasciner par l'aura messianique à laquelle Apple recourt pour mettre en scène sa communication de marque. La condamnation par les néomarxistes de plaisirs aussi inoffensifs me convainc à peu près autant que les réserves à l'égard du *small talk*, ou la réprobation snobinarde de l'enthousiasme qu'éprouvent nombre de supporters pour leur club, sinon de la déception qui me submerge quand Roger Federer (avec lequel, en tant qu'habitant de Bâle, je me plais à m'imaginer une connivence particulière) perd pour la énième fois contre Novak Djokovic dans une finale du tournoi du grand chelem.

L'ascèse à laquelle je fais référence ici ne repose pas sur une diabolisation augustienne de la chair souillée par le péché originel. En revanche, elle est susceptible d'apporter une réponse aux plaintes d'auteurs comme Michel Houellebecq ou John Gray sur la prétendue insipidité de la culture populaire occidentale. Cette réponse, nous en avons bien besoin, comme le souligne aussi le fait que, dans les pays occidentaux, environ 20 % des individus souffrent d'obésité pathologique. La tendance aux excès alimentaires me semble être l'une des multiples expressions du vide chronique que ressentent constamment de nombreux individus. Je crois que nous avons ici affaire au symptôme d'une maladie caractéristique de notre société d'abondance. En effet, les besoins fondamentaux des êtres humains sont satisfaits ; dans les sociétés occidentales, on ne meurt pas de faim. Et pourtant, ce sentiment de vide et d'incomplétude persiste. S'en saisir et reconnaître que le souhait d'un bonheur durable n'est tout bonnement pas réaliste, tel est le grand défi de notre époque. Si nous ne le relevons pas, l'Occident postmoderne ne sera pas en mesure d'enrayer la tendance à l'infantilisation et à l'apathie politique. Et ses citoyens seront bien incapables d'assumer et de jouir de cette liberté conquise de haute lutte au bout de plusieurs siècles.

L'existentialisme
et la fuite de la liberté

La conception d'une existence humaine caracté-risée par des conflits profonds et insolubles, mais avec lesquels nous sommes contraints de vivre, a été reprise et développée par les existentialistes. Ce courant qui puise ses origines, au XIXe siècle, chez des philosophes tels que Kierkegaard ou Nietzsche ainsi que chez des écrivains tels que Dostoïevski, a eu, dans la première moitié du XXe siècle, comme représentants les plus influents les philosophes Martin Heidegger et Jean-Paul Sartre. Heidegger se fait connaître dès les années 1920; aujourd'hui encore, on le tient pour l'un des penseurs majeurs du XXe siècle. Sartre, quant à lui, est un véritable phénomène culturel, comme le souligne le titre de la biographie que lui a consacré Bernard-Henri Lévy[1]. Lors de ses funérailles, en avril 1980, le cortège rassemblait plus de cinquante mille personnes

---

1. Bernard-Henri Lévy, *Le Siècle de Sartre*, Paris : Grasset, 2000.

119

désireuses de faire leurs adieux à un intellectuel ayant exercé une influence exceptionnelle sur la culture française.

Au centre des différentes variantes de la pensée existentialiste se trouve l'idée que la condition humaine a un caractère tragique fondamental et irréductible, qui, au mieux, peut être nié[1]. Pour Heidegger et Sartre, ce tragique tient au fait que notre conscience nous permet de nous confronter à notre finitude, mais aussi qu'elle nous y contraint. D'une part, nous ne sommes pas en mesure de déterminer nous-mêmes nombre de variables importantes de notre vie. Nous sommes le résultat d'un acte sexuel entre deux personnes que nous n'avons pas choisies comme parents. Ces parents nous élèvent dans une langue et dans une culture sur lesquelles nous pouvons exercer aussi peu d'influence que sur notre sexe biologique, la couleur de notre peau ou de nos cheveux. Nous sommes, comme le formule Heidegger, jetés dans l'existence. Plus encore : à tout instant, chacun de nous a une histoire, fait face à des décisions prises qu'il nous est impossible de changer, et qui forment un passé avec lequel nous devons vivre à l'avenir. Cette responsabilité totale de notre existence, que Heidegger a condensée dans une formule prégnante de l'être

---

1. Pour une analyse détaillée de cette thématique, voir Carlo Strenger, *Individuality, the Impossible Project. Psychoanalysis and Self-Creation*, Madison : International Universities Press, 1998.

humain comme «lieu-tenant du néant», est des plus ardues à supporter. Si, à tout moment, nous avions conscience de cette liberté totale, nous vivrions dans une angoisse existentielle qui nous paralyserait et nous ferait basculer dans la folie[1].

Cela explique, selon Sartre, qu'il est inévitable pour nous, êtres humains, de vivre notre vie dans un état qu'il baptise *mauvaise foi*[2]. Il s'agit de la fausse conscience que nous n'aurions finalement aucun choix, puisqu'«on» ne fait pas certaines choses, tandis qu'«on» doit en faire d'autres. Nous nous identifions avec notre rôle social afin d'éviter d'avoir à nous confronter au fardeau accablant de la liberté. L'évidence du quotidien nous prémunit contre une vie menée dans une angoisse existentielle permanente[3]. Dans mes conférences consacrées à l'existentialisme, j'illustre ce point par un exemple simple. Je demande à mes étudiants pourquoi ils se trouvent dans un amphithéâtre assez laid, plutôt que de profiter de la vie, attablés en terrasse devant un café et un croissant. Je leur fais remarquer que tous ont la possibilité de me filer un coup sur la tête avec leur ordinateur portable

---

1. Dans un essai impressionnant, qui dans une large mesure se nourrit de la philosophie de Karl Jaspers, Louis A. Sass expose cette thèse de façon convaincante. Voir Louis A. Sass, *Madness and Modernism. Insanity in the Light of Modern Art, Literature, and Thought*, New York : Basic Books, 1993.

2. Jean-Paul Sartre, *L'Être et le Néant. Essai d'ontologie phénoménologique*, Paris : Gallimard, 1943.

3. Martin Heidegger, *Être et temps*, Paris : Gallimard, 1927.

et de prendre la poudre d'escampette. En général, ma question suscite l'hilarité, mais mon objectif en la posant est de leur faire comprendre que cette éventualité ne leur est pas même venue à l'esprit avant que je l'évoque.

L'insupportable de la vie dans la pleine conscience de notre liberté totale est tel que même des grands penseurs comme Heidegger et Sartre ne sont pas véritablement parvenus à le vivre et, chacun à leur façon, se sont fourvoyés sur le plan politique et moral. Heidegger, en effet, nous le savons aujourd'hui, a été, un certain temps du moins, un nazi convaincu[1]. Dans son discours inaugural comme recteur de l'université de Fribourg, il se prononce explicitement en faveur du national-socialisme, dans lequel il voit le destin du peuple allemand. En outre, il ne lève pas le petit doigt pour protéger ses collègues juifs, parmi lesquels son professeur et mentor Edmund Husserl, quand ceux-ci sont démis de leurs fonctions. En revanche, son ami et compagnon intellectuel Karl Jaspers essaie de préserver décence et humanité à l'université de Heidelberg, jusqu'à ce qu'il soit licencié lui-même en raison de la judéité de sa femme. Heidegger n'a jamais jugé nécessaire de s'excuser publiquement de son comportement pendant le nazisme. Il a préféré se murer dans le silence, raison pour laquelle,

---

1. Thomas Assheuer, «Er schreibt vom Rasseprinzip», in *Zeit Online* (27 décembre 2013), disponible sur internet à l'adresse : http://www.zeit.de/2014/01/ heidegger-antisemitismus-nachlass-schwarze-hefte/komplettansicht

par exemple, Jaspers l'a désavoué et a rompu avec lui. Très longtemps, on a attribué la défaillance humaine de Heidegger à un opportunisme et un manque de courage, mais depuis la publication de ses «cahiers noirs[1]» (*Schwarze Hefte*) il n'est plus possible de considérer sa sympathie à l'égard des nazis comme un simple faux pas ou une erreur de jugement temporaire. En réalité, Heidegger était tout bonnement antisémite. Il cherchait un fondement existentiel à sa vie et pensait l'avoir trouvé dans une culture allemande idéalisée.

Jean-Paul Sartre, quant à lui, fuit la liberté par une autre voie idéologique. Il grandit dans une famille bourgeoise, perd son père très tôt, et est élevé par sa mère et ses grands-parents maternels; il développe cependant, dès ses jeunes années, un profond mépris pour la bourgeoisie, qui incarne à ses yeux la *mauvaise foi*, la dissimulation de soi derrière des normes sociales et le déni de la liberté. Dès qu'il peut se permettre financièrement de vivre de sa plume, il ne prend plus aucune position officielle, afin d'être le plus indépendant possible de l'ordre bourgeois. Il habite longtemps avec sa mère et, plus tard, bien que son succès littéraire ait fait de lui un homme riche, il loue un modeste appartement où, des décennies durant, il entretient ouvertement une relation amoureuse avec Simone de Beauvoir.

---

1. Martin Heidegger, *Überlegungen XII-XV (Schwarze Hefte 1939-1941)*, in *Gesamtausgabe*, volume 96, Francfort : Vittorio Klostermann, 2014.

Le mépris de Sartre pour la bourgeoisie s'exprime avant tout dans son identification inconditionnelle et dogmatique au communisme. Au vu des indices croissants qui tendent à prouver que l'Union soviétique n'est pas le paradis sur Terre, mais bien un enfer totalitaire, certains de ses amis les plus proches et compagnons de route, comme Albert Camus, Maurice Merleau-Ponty et Raymond Aron, prennent leurs distances vis-à-vis du fanatisme politique de Sartre. Ces amitiés n'y survivent pas, car Sartre ne supporte pas la moindre critique sur ses convictions politiques. Puis, lorsqu'il n'est plus possible d'ignorer la réalité de l'Union soviétique de Staline, Sartre développe des sympathies maoïstes. Jusqu'à sa mort, il lui a été impossible d'accepter que le communisme ne soit pas la solution politique définitive à tous les problèmes humains.

À la lumière des parcours de vie de Heidegger et de Sartre, il est difficile de ne pas s'interroger : comment deux des plus grands interprètes de la liberté humaine ont-ils pu se tromper à ce point dans leur jugement politique et leur comportement ? Paradoxalement, ces échecs exemplifient leurs approches philosophiques : que ces deux penseurs aient été en mesure d'analyser aussi profondément l'existence humaine ne les a pas empêchés de céder aux mécanismes de défense psychiques qu'ils avaient eux-mêmes décrits. Comme le «citoyen ordinaire», ils avaient besoin de se protéger par une conception du monde conférant du sens à leur vie.

C'est justement l'idée centrale de l'anthropologue américain Ernest Becker, dont les travaux ont contribué à fonder la psychologie existentielle et expérimentale moderne[1]. Les thèses de Becker s'appuient sur les travaux d'un disciple de Freud, Otto Rank. Celui-ci affirme que, la psyché humaine n'étant tout simplement pas en capacité d'accepter notre mortalité, elle met en place des mécanismes de défense afin de refouler la conscience du caractère transitoire de notre propre vie[2]. Becker montre que l'une des fonctions essentielles de la culture consiste à donner aux individus l'illusion d'une immortalité symbolique. En effet, chacun de nous s'inscrit dans une tradition culturelle qui existait avant nous et dont nous supposons qu'elle nous survivra longtemps. Par l'appartenance à cette tradition, notre mort physique n'entraîne pas notre disparition pure et simple de la surface de la Terre ; dans une certaine mesure, nous continuons à vivre. Ainsi, ne serait-ce que par la façon dont nous marquons nos enfants, nous transmettons quelque chose de nous à la génération suivante et nous nous assurons une place dans leur mémoire. La tentative de conférer, par les rituels et les objets, une forme concrète à l'immortalité symbolique est bien documentée et relève presque

1. Ernest Becker, *The Denial of Death*, New York : Free Press, 1974.
2. Otto Rank, *Seelenglaube und Psychologie. Eine prinzipielle Untersuchung über Ursprung, Entwicklung und Wesen des Seelischen*, Leipzig/Vienne : Franz Deuticke, 1930.

de la constante anthropologique. Dans toutes les cultures, des rites et des objets témoignent de la façon dont les défunts sont maintenus vivants dans la mémoire de la famille, de la tribu, de la communauté religieuse ou de la nation. Pierres tombales, photos des défunts et mémoriaux en constituent simplement des variantes modernes[1]. Déjà, les héros de l'*Iliade* d'Homère sont prêts à mourir pour que les générations futures chantent leurs louanges – objectif atteint pour Homère lui-même, dont les épopées ont franchi les siècles. Mais, en définitive, tout cela ne nous protège pas d'angoisses existentielles profondes : nous ne voulons ni vieillir ni mourir, et même ceux qui se font construire d'immenses mausolées se trouvent saisis de panique quand vient le moment de se confronter à la mort.

À la fin des années 1980, un groupe de psychologues sociaux et cliniques développe à partir des travaux de Becker un nouveau paradigme de recherche, baptisé théorie du management de la terreur existentielle[2] (TMT). Depuis, ce paradigme, que je nommerai simplement psychologie existentielle, s'est considérablement développé au niveau international, se révélant très fécond. Il est ainsi particulièrement pertinent pour expliquer l'attraction phénoménale qu'exercent les fondamentalismes

---

1. Solomon/Greenberg/Pyszczynski, *The Worm at the Core*, *op. cit.*
2. Jeff Greenberg, Sander L. Koole et Tom Pyszczynski (dir.), *Handbook of Experimental Existential Psychology*, New York : Guilford Press, 2004.

religieux avec leur soif de pouvoir absolu et leur vision du monde apocalyptique[1]. Depuis plus de dix ans, je suis membre du groupe d'études World Federation of Scientists, qui s'est donné pour objectif de déchiffrer les motivations des terroristes fondamentalistes. Qu'est-ce qui pousse des individus à rejoindre des groupes comme l'organisation État islamique? De nombreuses explications couramment avancées s'avèrent peu convaincantes dès lors qu'on y réfléchit de façon rigoureuse. L'affirmation selon laquelle les terroristes sont en général des individus sans perspectives en constitue l'un des exemples les plus frappants. Elle n'est absolument pas pertinente en ce qui concerne les auteurs des attentats du 11 Septembre 2001 : beaucoup d'entre eux étaient des étudiants issus de familles de la classe moyenne, tout à fait en mesure de financer leur séjour en Occident. Les cadres dirigeants des organisations djihadistes sont souvent des médecins et des ingénieurs promis à de bonnes carrières. Ce qui transforme les individus en terroristes, ce n'est ni la pauvreté ni le désespoir, mais le besoin profond de trouver un sens absolu à la vie. Cela peut sembler paradoxal, dans la mesure où nous considérons le plus souvent cette quête de sens comme positive. Comment est-il possible qu'elle aboutisse

---

1. Jeff Greenberg, Tom Pyszczynski et Sheldon Solomon, *In the Wake of 9/11. Rising Above the Terror*, Washington : American Psychological Association, 2003.

à cette forme de terreur semée par l'organisation État islamique[1] ?

Dans les sociétés modernes, chacun de nous possède une pluralité d'identités : pour ma part, je suis d'origine suisse et juive, professeur d'université, psychanalyste, fan de moto, libéral de gauche, marié, aimant les steaks, la musique classique, Paris, et bien d'autres choses encore. Aucune de ces identités ne me définit exclusivement. L'ordre libéral se définit précisément par le fait que chacun(e) d'entre nous a le droit – et ajouterai-je, le devoir – de décider dans chaque situation de ce qui est le plus important pour lui (elle), ainsi que des valeurs qui lui tiennent le plus à cœur. Tel est l'idéal de l'autonomie individuelle que la culture occidentale a développé au cours des siècles derniers. C'est précisément cette liberté, et les exigences potentiellement fortes qui l'accompagnent, qui constitue une insulte permanente pour des organisations comme l'État islamique[2] et d'autres fondamentalismes religieux. Ainsi que l'a

---

1. L'anthropologue américain Scott Atran travaille depuis plusieurs années à un modèle explicatif de ces phénomènes. Voir Scott Atran, *Talking to the Enemy. Faith, Brotherhood, and the (Un)Making of Terrorists*, New York : HarperCollins, 2010.

2. Il est intéressant de remarquer que cet objectif ne concerne pas uniquement les hommes. Lydia Wilson, collaboratrice de Scott Atran, étudie ce phénomène fascinant chez les femmes qui, bien que n'ayant pas été, le plus souvent, élevées dans la culture musulmane, rejoignent l'organisation État islamique en pensant y trouver du sens, une appartenance, ainsi que des hommes qu'elles considèrent comme étant forts.

montré Amartya Sen[1], lauréat du prix Nobel d'économie, ces mouvements s'efforcent de construire une identité capable de résoudre tous les conflits et d'énoncer clairement, dans chaque situation, ce qu'il convient de faire – idée déjà formulée, en 1942, par Erich Fromm en ce qui concerne le regard du fascisme dans son essai *La Peur de la liberté*. Pour ce qui est de l'islamisme, entre probablement aussi en ligne de compte l'attrait que présente aux yeux de nombre de jeunes le fait de massacrer sans le moindre scrupule des êtres humains et d'exercer sur d'autres un pouvoir absolu. Pour autant, nous devons cependant avoir pleinement conscience que la motivation la plus puissante à des actes inhumains, quels qu'ils soient, est la peur de la liberté.

La rage destructrice dont fait preuve Daech constitue une expression significative de cette peur de la liberté et d'alternatives de sens venant questionner ses propres croyances : le site archéologique vieux de trois mille ans de Nimroud, capitale du royaume assyrien, dans le nord de l'Irak a été anéanti par cette rage destructrice, tout comme les précieux vestiges des cités de Hatra et de Palmyre. Dans le passé, les talibans afghans s'en étaient aussi pris aux statues de bouddhas de Bâmyân, véritable trésor culturel, car leur interprétation fondamentaliste de l'islam les pousse à détruire les signes des autres religions. Toute

---

1. Amartya Sen, *Identité et violence*, Paris : Odile Jacob, 2015.

autre explication est une mauvaise piste. Les individus capables d'anéantir de tels trésors culturels souffrent en premier lieu d'une limitation intellectuelle catastrophique, motivée par leur besoin profond d'appréhender leur système de croyances comme absolu et sans rival. Ils n'ont absolument pas conscience que ces trésors du passé constituent des sédiments irremplaçables de l'Histoire – Histoire qui, par définition, ne peut se répéter.

Depuis une quinzaine d'années, il existe dans l'opinion publique une tendance à assimiler cette étroitesse d'esprit à l'islam, mais ce réflexe est aussi erroné que dangereux. Nous ne devons absolument pas oublier que l'islam n'a en rien le monopole de l'iconoclasme, cette rage de destruction d'images sacrées. Par manque d'informations historiques précises, nous ne saurons jamais combien d'œuvres d'art catholiques irremplaçables ont été détruites par l'iconoclasme protestant du XVIe siècle. La pensée de ces destructions m'attriste, mais elle n'a rien à voir avec la religion : en dépit de mon éducation juive-orthodoxe, je suis un athée convaincu tout en étant un grand amateur d'art catholique. Des tableaux de Giotto di Bondone en passant par les messes de Josquin Desprez jusqu'au *Te Deum* d'Anton Bruckner, je me sens attiré par les œuvres des artistes catholiques. Nul besoin pour les admirer de partager la vision du monde qui s'exprime à travers elles. Mais c'est précisément cette aptitude qui fait défaut aux membres de l'organisation État islamique. Ils se sentent menacés par les œuvres culturelles qui ne correspondent pas à leur foi, au point de se sentir forcés de les détruire.

Sur le plan psychologique, il s'agit surtout, pour reprendre un concept nietzschéen, de ressentiment : comme il est impossible de jouir d'une bonne vie sans persévérance, courage et efforts soutenus – et même dans ce cas, la réussite n'est pas garantie –, nombreux sont ceux qui se réfugient dans une destructivité empreinte d'idéologie. Mais il ne s'agit ni plus ni moins que d'un ressentiment mal déguisé chez ceux qui ne peuvent ou ne veulent pas assumer le risque d'une vie libre. La nécessité de fuir ainsi cette liberté est manifestement très élevée, et le sociologue Hans-Peter Müller a, à juste titre, qualifié Daech de «plus grand pourvoyeur de sens de l'histoire récente chez les musulmans[1]». Le rétablissement du califat, si irréaliste soit-il, constitue une tentative pour transformer en triomphe – quand bien même imaginaire – les difficultés que connaissent les États islamiques du Proche-Orient à l'égard de la modernité.

Les cas précédemment évoqués de Heidegger et de Sartre sont là pour nous rappeler que les religions n'ont nullement le monopole de l'absolutisme

---

1. Hans-Peter Müller, «Europas Jugend und der Jihad. Faszination, die ihren Preis haben muss», in *Neue Zürcher Zeitung* (20 novembre 2014), disponible en ligne sur : http://www.nzz. ch/feuilleton/europas-jugendund-der-jihad-1.18428076

et de la violence qui lui est souvent associée. En effet, les plus grandes tragédies du XXᵉ siècle ont été perpétrées par deux idéologies à savoir le national-socialisme et le communisme. Hitler, Staline, Mao et Pol Pot étaient convaincus que leur doctrine politique justifiait l'assassinat de millions de personnes, d'où le concept forgé par Eric Voegelin[1] de «religions politiques» à propos de ces systèmes totalitaires. La menaçante reviviscence du populisme de droite à laquelle nous assistons depuis plusieurs années dans toutes les sociétés occidentales prouve avec insistance que ces religions politiques ne sont pas moins dangereuses que l'explosion fondamentaliste des dernières décennies.

Dès lors, il convient de ne céder en aucun cas à l'exigence du politiquement correct incitant au respect de la foi de l'autre en toutes circonstances. Pour autant, ce que nous devons à tout prix respecter – position que j'ai abondamment détaillée dans *Le Mépris civilisé*[2] –, c'est la liberté de croyance des individus. En revanche, nous ne devons nullement respecter la croyance elle-même – surtout quand elle a pour conséquences l'intolérance, la xénophobie, le fanatisme et la barbarie. La grande question est de savoir si, face à la radicalisation de nombreux musulmans et à la montée des droites

1. Eric Voegelin, *Les Religions politiques*, Paris : Éditions du Cerf, 1988 [1935].

2. Carlo Strenger, *Le Mépris civilisé*, Paris : Belfond, 2016 [2015].

radicales en Europe, nous serons capables de raison garder, tout en réveillant l'esprit combatif indispensable pour défendre activement l'ordre libéral face à ces nouvelles menaces.

Shakespeare et au-delà : grandeur, tragique et échecs au cinéma

Comme les chapitres précédents l'ont montré, nous disposons pleinement des aptitudes et des moyens pour comprendre notre position dans le monde et identifier les doctrines de salut politiques, religieuses et thérapeutiques pour ce qu'elles sont en définitive : des boucliers contre l'angoisse de la liberté. Le fanatisme d'un petit nombre ne devrait pas nous amener à croire que nous ne sommes pas en capacité de nous confronter à cette angoisse. Le présent chapitre s'attache à démontrer qu'en matière de culture populaire aussi des œuvres majeures se sont intéressées au tragique de l'existence humaine et à ses conflits.

Ces thématiques se sont particulièrement illustrées dans la création cinématographique des dernières années, avec notamment des metteurs en scène comme Martin Scorsese et Paul Thomas Anderson, qui ont su porter à l'écran de manière particulièrement bouleversante le tragique de l'existence humaine. Scorsese n'est pas un nouveau venu, puisqu'il a été propulsé dès 1980 au panthéon du cinéma grâce à son film en noir et blanc *Raging Bull* – biopic consacré à Jake LaMotta, homme impulsif, complexe et peu sûr de lui, qui devient champion du monde de boxe dans la catégorie des poids moyens. Scorsese a proposé le scénario à Robert De Niro qui, n'étant pas un fan de sport, a tout d'abord décliné la proposition, avant de constater que le ring de boxe constitue une allégorie de l'existence humaine[1]. En elle-même, la boxe est un sport tragique : seuls quelques professionnels font véritablement carrière, tout en sachant que le temps leur est compté. Le corps humain ne peut réaliser éternellement des performances athlétiques exceptionnelles, qui plus est dans un sport aussi brutal. En outre, ce caractère tragique se voit renforcé par le fait que la plupart des boxeurs n'ont pas du tout conscience des aspects commerciaux de leur sport. Souvent, l'organisation ou la gestion des combats est assurée par des individus à la réputation douteuse. Ce qui rend la boxe aussi cruelle mais également si fascinante, c'est qu'au-delà des aptitudes athlétiques et de la technique, l'opiniâtreté à vouloir gagner et la capacité à supporter des douleurs atroces constituent des facteurs déterminants de la réussite.

---

1. David Thompson, *Scorsese on Scorsese*, Londres : Faber and Faber, 2004, nouvelle édition.

Dans l'une des meilleures performances d'acteur de l'histoire du cinéma, De Niro exprime toute la vulnérabilité de LaMotta et ses difficultés à faire confiance à l'amour que lui porte sa femme. Les crises de jalousie de LaMotta finissent par entraîner une rupture avec son frère et manager Joey, qui marque le début de son déclin sportif. En 1951, lors d'un combat brutal, il perd son titre contre Sugar Ray Leonard. Puis, après son installation à Miami avec sa famille, sa femme le quitte. Dans une scène très intéressante, qui se déroule en 1964, LaMotta se trouve dans un night-club et se prépare à monter sur scène. Il pèse près de trente kilos de plus qu'à trente-cinq ans, et ne vit plus que des souvenirs de ses belles années.

Dans *Raging Bull* sont mises en scène de façon captivante les grandes thématiques de l'existence humaine : le besoin de reconnaissance et les risques que nous sommes susceptibles de prendre pour l'obtenir. Certes, la plupart des gens, au sens propre comme au figuré, doivent encaisser moins de choses qu'un boxeur professionnel, mais, tous, nous devons déterminer jusqu'où aller pour satisfaire nos ambitions. Si le risque nous fait reculer, peut-être regretterons-nous plus tard de ne pas avoir tenté notre chance; si, en revanche, nous essayons, nos résultats ne sont généralement pas à la hauteur de nos espoirs – et si, comme LaMotta, nous atteignons l'objectif que nous nous étions fixé, il est assez rare que nous puissions goûter durablement ce succès (ce que de nombreux boxeurs, qui ont mis un terme tardif à leur carrière, ont refusé d'accepter). La vie de LaMotta sert à Scorsese de métaphore à toutes les transformations par lesquelles chaque être humain doit passer lorsqu'il ne meurt pas jeune : la lente déchéance physique, la baisse progressive de son propre attrait sexuel, la diminution des capacités intellectuelles, tout comme la prise de conscience que la réussite professionnelle, qui a une importance considérable pour l'estime de soi, appartient désormais au passé.

Le metteur en scène américain Paul Thomas Anderson s'inscrit lui aussi dans la lignée des grands cinéastes tragiques de la jeune génération. Dans *Boogie Nights* (1997), son deuxième film, il raconte l'histoire d'Eddie Adams, un jeune homme paumé qui habite Torrance, en Californie, avec sa mère alcoolique et son beau-père, et travaille dans une boîte de nuit. Là, le jeune homme incarné par Mark Wahlberg est découvert par un producteur de films pornos, qui, au vu de la taille de son pénis, le prend immédiatement sous contrat. Eddie, qui adopte le pseudonyme de Dirk Diggler, devient une star du cinéma porno dans le Los Angeles des années 1970. Anderson recourt dans son film à certains codes de la série B pour souligner la pauvreté de l'industrie du porno. À la différence de Jake LaMotta, dont l'infantilité et l'impulsivité acquièrent quasiment une dimension mythique, les personnages de *Boogie Nights* évoluent dans un registre allant du pitoyable au ridicule. Pour autant, le spectateur ne peut s'empêcher de compatir à ce que vivent les protagonistes. Il y a l'assistant réalisateur Little Bill Thompson (interprété par William H. Macy), marié à une actrice de porno, qui ne peut supporter que sa femme, lors d'une soirée, couche avec un autre homme – il assassine les deux amants avant de se suicider ; il y a le personnage d'Amber, magistralement interprété par Julianne Moore, actrice de prédilection de nombreux films d'Eddie et qui, entre tournage et toxicomanie, essaie tant bien que mal de s'en sortir ; puis il y a naturellement Eddie lui-même, persuadé de ne devoir sa célébrité à personne d'autre que lui, et qui finit par prendre conscience que sa carrière dépend en réalité du réalisateur (joué par Burt Reynolds). Après un conflit entre les deux, Eddie plonge dans la drogue et se prostitue pour survivre. Il finit par se réconcilier avec le réalisateur pour reprendre sa carrière – qui, fort logiquement, ne pourra durer que le temps qu'il sera en mesure d'avoir des érections sur commande pendant les tournages.

Boogie Nights présente un rapport frappant avec les œuvres des peintres et des théoriciens évoqués dans les chapitres précédents : dans le film de Wes Anderson, la nudité de l'existence humaine apparaît aussi crûment que notre vulnérabilité. Spectateurs, nous assistons impuissants à la souffrance d'Eddie quand un client lui demande de se masturber pour gagner de quoi se payer sa prochaine dose, avant de le voir se faire tabasser par ce même client et sa bande de copains. La chute de rois et de princes n'est pas seulement poignante dans les tragédies de Shakespeare; celle d'Eddie Adams, un jeune homme qui voulait devenir quelqu'un, l'est aussi. Quand bien même ses ambitions n'auraient rien d'admirable à nos yeux, il en va d'Eddie comme de nous tous : nous nous efforçons de tirer le meilleur de ce qui nous est donné, dans l'espoir de nous faire une place au soleil. Notre carrière ne dépend peut-être pas de notre puissance sexuelle, mais celle-ci a un impact majeur sur notre vie amoureuse. Nous ne dépendons certes pas d'un producteur de films pornos, mais la plupart des gens ont des employeurs, des partenaires commerciaux ou des clients, avec lesquels ils doivent composer. Peut-être ne sommes-nous pas aussi naïfs qu'Eddie dans l'évaluation de notre situation, mais aucun d'entre nous n'est à l'abri des erreurs, et ceux qui ont perdu leur gagne-pain, leur statut et l'estime d'eux-mêmes à cause d'erreurs de jugement sont légion.

Dans ses films suivants, Wes Anderson a continué de dépeindre brillamment le tragique et le ridicule de l'existence humaine. En 1999, il tourne *Magnolia*. Jason Robards y joue le rôle d'Earl Partridge, un ancien producteur de télévision à l'agonie, qui s'est révélé être un père et un époux lamentable mais souhaite voir son fils une dernière fois avant sa mort. Ce fils, interprété par Tom Cruise, anime des ateliers de séduction, dans lesquels il apprend à des hommes timides à gagner en assurance et en virilité..En découvrant sur son lit de mort son père qui ne l'a jamais aimé ni estimé, il s'effondre. Sa façade, qu'il met en scène avec un très grand professionnalisme dans ses ateliers, se fissure. Il ne reste qu'un enfant solitaire et mal-aimé, avide de reconnaissance, qui fait croire à des hommes angoissés qu'ils peuvent devenir des séducteurs. *Magnolia* abonde de personnages en proie à la honte, à la culpabilité et à l'échec – la seule exception étant l'infirmier joué par Philip Seymour Hoffman, un homme calme, ordinaire et modeste, qui semble relativement satisfait de sa vie.

Là encore, la plupart des gens considèrent qu'ils n'ont rien à voir avec de tels personnages. Nous sommes en général des parents dévoués et consciencieux, exerçons une profession respectable qui ne nécessite pas de vendre des chimères à d'autres gens, sommes heureux en couple. Pourtant, lequel d'entre nous n'a jamais éprouvé ce sentiment douloureux d'être en réalité beaucoup moins sûr de soi et de sa vie qu'il ne veut bien le reconnaître? Même si, dans *Magnolia*, l'ampleur de l'échec existentiel est extrême, ses thèmes ne nous sont que trop familiers. Fort heureusement, beaucoup d'entre nous n'aurons jamais à traverser les souffrances profondes que Paul Thomas Anderson explore; cependant, un des mérites de son œuvre est de présenter sous une forme exacerbée le tragique inhérent à notre existence, de sorte que, d'une part, nous nous sentons un peu mieux lotis que les antihéros de *Boogie Nights* et de *Magnolia*, mais que, d'autre part, nous nous reconnaissons forcément en eux.

Des réalisateurs comme Scorsese et Anderson nous rappellent ce que notre civilisation cherche si souvent à refouler, à savoir que notre liberté est autant un cadeau qu'un devoir, et qu'il nous faut y travailler sans cesse – quand bien même cet effort est en définitive voué à l'échec. La plupart du temps, nous plaçons trop haut la barre de nos ambitions et de nos désirs, comparé à ce qu'il nous est possible d'atteindre. Même si nous ne sommes pas frappés par un terrible malheur, nous connaîtrons fatalement l'échec en tant que mari ou femme, parent, enfant, ainsi que dans notre vie professionnelle ; en outre, il n'y a pas moyen d'échapper à la douleur du vieillissement et des pertes qui y sont liées. L'illusion que le bonheur est la norme et que nous y avons droit n'est qu'une chimère que ces longs-métrages s'emploient à dissiper.

Je ne soutiens en rien ici qu'il nous faut constamment garder à l'esprit la dimension existentielle tragique de l'existence, à la manière de personnages d'un film d'Ingmar Bergman. Raison pour laquelle, d'ailleurs, nous n'avons pas envie de regarder tous les soirs des œuvres de Bergman, de Scorsese ou d'Anderson, et apprécions de temps à autre de bons films à grand spectacle dans le genre de la série *Mission impossible*, où la tension n'est pas insoutenable mais divertissante – en grande partie parce que nous savons que Tom Cruise ne s'effondrera pas comme un pauvre malheureux, et qu'il sortira sain et sauf des situations les plus périlleuses. De la même manière, une conscience de la liberté existentielle ne devrait en aucun cas aboutir à un mépris envers la bourgeoisie en raison de son manque d'authenticité, et je suis le premier à préconiser de ne pas s'enfermer dans un sérieux accablant. Bien au contraire : l'une des grandes réussites de l'Occident moderne est de nous offrir plus d'opportunités de divertissement intelligent que n'en ont eu les générations avant nous. Nous pouvons nous amuser de la façon dont Bill Maher, dans son documentaire *Relidicule* ou *Religolo*, en découd avec délectation avec la religion ; Jon Stewart nous a régalés des années durant de satires politiques brillantes ; quant à Woody Allen, il a traité de la mortalité et du complexe d'infériorité de façons qui, loin de nous plonger dans la dépression, nous ont fait rire. Sans oublier les sitcoms comme *Seinfeld* ou *Friends*, qui tirent parti de nos angoisses et de nos insécurités existentielles pour en faire des gags. Contrairement à ce qu'il se passe dans de nombreuses autres parties du monde, en Occident, nous n'avons pas de souci à nous faire si nous nous moquons de nos dirigeants politiques. Nous pouvons critiquer et rire quasiment de tout. Toutes ces créations sont formidables, et m'est avis que Woody Allen est dans le vrai en choisissant de traiter sur le mode de la comédie la détresse existentielle. Là où je veux en venir, c'est que toutes ces créations sont possibles grâce à notre culture, et que nous ne devons donc nullement les tenir pour définitives. La liberté de rire n'est en rien un bien de consommation, mais un véritable acquis civilisationnel de la préservation duquel nous sommes coresponsables.

La liberté comme discipline

Nous voici revenus au thème central de cet essai, à savoir l'inquiétude suscitée par l'idée que l'Occident ne dispose pas des moyens intellectuels et culturels de défendre ses propres valeurs fondamentales. Par l'analyse des œuvres et des concepts des artistes modernes, de la philosophie existentialiste, de la psychologie existentielle et de la filmographie de réalisateurs comme Martin Scorsese ou Paul Thomas Anderson, j'ai montré en quoi consiste exactement cette faiblesse des pays occidentaux : les individus sont en demande de boucliers de protection idéologiques pour supporter la perspective de leur finitude, ainsi que leur vulnérabilité. Or l'ordre libéral se caractérise par une relégation dans la sphère privée de la question du sens de la vie. Dans une économie régie par l'ordre libéral, aucune institution, aucun groupe et aucun individu ne peut revendiquer le monopole de la réponse à cette question, et la moindre contrainte exercée sur les questions de croyance est perçue comme une violation du droit fondamental à la liberté individuelle. Selon le point de vue de la psychologie existentielle, cette liberté s'avère être tout à la fois une conquête et un poids. À la différence de nos ancêtres, il ne nous est plus possible aujourd'hui d'accepter comme évidence un système de croyance quelconque. Cela signifie également que les systèmes de croyance existants, au premier rang desquels les religions, ont de plus en plus de mal à exercer leur fonction originelle de protection. Un évangéliste, un musulman radicalisé ou un juif ultra-orthodoxe peuvent peut-être comprendre que mourir pour certaines causes constitue un devoir saint. Cependant, pour maintenir cette prétention d'absolu, de tels systèmes doivent se fermer au monde extérieur. En effet, les fondamentalistes éprouvent une profonde angoisse à l'idée que les adeptes de leur culte perdent la foi tout comme leur disposition à l'obéissance s'ils entrent en contact avec d'autres cultures – surtout celles de l'Occident permissif. Les conséquences sont parfois assez curieuses : ainsi, certains courants juifs ultra-orthodoxes interdisent l'utilisation d'internet aux membres de leur communauté, ce qui n'est pas sans entraîner des problèmes très concrets, notamment dans la sphère professionnelle, où les ordinateurs et les smartphones sont aujourd'hui indispensables. Un marché de smartphones et d'ordinateurs «casher» s'est ainsi développé, bloquant l'accès aux sites web jugés «dangereux».

Ceux qui ne vivent pas dans un monde aussi clos doivent faire avec cette réalité qu'aucun système de croyance ne peut revendiquer le monopole de la vérité absolue. Même les sciences naturelles ont perdu leur fonction de bouclier de protection : depuis les découvertes qui ont bouleversé les fondamentaux de la physique dans la première moitié du xxe siècle, elles ne peuvent plus prétendre au caractère irrévocable et définitif de leurs savoirs, et ce d'autant moins qu'elles n'ont jamais eu l'intention de s'imposer comme vérité.

Les individus ouverts sur le monde n'ont plus accès à des idéologies immunisantes, et le coût psychologique de cette liberté et de ce pluralisme est élevé. Le repli de quantité d'individus dans la sphère privée, tout comme leur réticence à se confronter aux grandes questions existentielles constitue un corollaire presque inévitable de la multiplication des systèmes idéologiques. Il en résulte qu'un nombre croissant de citoyens occidentaux n'est plus en mesure de justifier et de défendre l'ordre libéral au moyen d'autres arguments que celui, pitoyable, de l'efficacité économique.

Rarement un intellectuel du xxe siècle a posé ce constat avec autant de clairvoyance qu'Isaiah Berlin, né en 1909 à Riga, parfois présenté comme le théoricien libéral le plus important du xxe siècle. Plaçant le pluralisme au centre de sa philosophie, Isaiah Berlin était immunisé contre les promesses du communisme ; quant au fascisme, il le considérait comme menant droit à la ruine. Dans un certain sens, il est assez révélateur que cet auteur n'ait écrit aucun traité majeur, mais de nombreux essais dans lesquels il n'a cessé de développer ses conceptions sous différentes perspectives.

Berlin est un fervent défenseur des idéaux des Lumières : pour lui, toute tentative visant à limiter les libertés individuelles devrait faire l'objet d'un examen rigoureux de son bien-fondé. En outre, il insiste sur le fait que l'idéal des Lumières ne devrait en aucun cas être vu comme une théologie de la délivrance. Cet idéal risquerait sinon – et là était sa crainte – de s'apparenter à la recherche d'une «solution définitive», ainsi qu'il le formule dans sa célèbre conférence «Deux conceptions de la liberté» de 1958. Pour lui, l'acceptation éthique et épistémologique de la théorie politique libérale suppose que nous puissions, au mieux, tenter de nous comporter de façon aussi humaine, pragmatique et efficace que possible. Dans l'un des passages les plus remarquables de la philosophie moderne, il écrit ainsi :

Il est une conviction responsable plus que toute autre du sacrifice d'individus sur l'autel des grands idéaux de l'histoire, que ce soit la justice, le progrès, le bonheur des générations futures, la mission sacrée ou l'émancipation d'une nation, d'une race, d'une classe, ou encore la liberté elle-même qui exige la mort des uns au nom de la liberté de tous. Selon elle, il existerait quelque part, dans le passé ou l'avenir, dans une révélation divine ou le cerveau d'un penseur, dans les injonctions de l'histoire ou de la science, dans le cœur simple et bon d'un homme intègre, une solution ultime et définitive. Cette antique croyance repose sur l'idée que toutes les valeurs positives auxquelles les hommes sont attachés sont finalement compatibles et peut-être même interdépendantes. «La nature lie, par une chaîne indissoluble, la vérité, le bonheur et la vertu», disait l'un des meilleurs hommes qui aient jamais vécu, et pour lui, il en allait de même de la liberté, de l'égalité et de la justice[1].

Dans cette conférence de 1958, Isaiah Berlin emploie délibérément le concept de «solution définitive», faisant écho à la Solution finale des nazis. Toute tentative de formulation d'une doctrine est en effet à ses yeux un pas vers la prochaine catastrophe. Raison pour laquelle John Gray voit en lui peut-être le seul véritable penseur libéral cohérent, et cela justement parce qu'il ne propose aucun message de délivrance[2]. Gray qualifie ainsi la posture d'Isaiah Berlin de «pluralisme agonistique».

Berlin postule qu'en dépit de leur validité objective les valeurs éthiques et politiques se trouvent sans cesse en conflit. L'exemple classique qu'il

---

1. Isaiah Berlin, «Deux conceptions de la liberté», *op. cit.*
2. John Gray, *Isaiah Berlin. Interpretation of his Thought*, Princeton : Princeton University Press, 1995.

prend est le suivant : l'aspiration à l'égalité des chances restreint nécessairement la liberté d'une partie des individus ; la réciproque est également vraie : la liberté limite forcément la revendication de certains à l'égalité des chances. Isaiah Berlin considère donc comme impossibles toutes les doctrines du point de vue de la logique pure, car il n'existe tout simplement aucun ordre politique qui n'exigerait pas un certain prix. Ce penseur n'a pas connu les conséquences catastrophiques du fondamentalisme de marché, mais l'idée que le marché constitue le remède à tous les problèmes lui aurait semblé aussi absurde que l'utopie communiste. Pour lui, le projet de la liberté était en permanence menacé, dans la mesure où il ne pouvait que partiellement réussir :

> *Il se peut que cet idéal de liberté de choix entre diverses fins dont on ne prétend pas la validité éternelle, et le pluralisme des valeurs que cela implique, ne soit que le fruit tardif de notre civilisation capitaliste sur le déclin, un idéal que les temps reculés et les sociétés primitives ne connaissaient pas et que la postérité considérera peut-être avec curiosité, voire sympathie, mais sans vraiment le comprendre. C'est possible. Cependant, il ne me semble pas qu'il faille en tirer des conclusions sceptiques. Des principes ne sont pas moins sacrés parce qu'on ne peut en garantir la pérennité. En fait, le désir même d'être assuré que nos valeurs sont éternelles et à l'abri des vicissitudes dans quelque monde céleste objectif traduit sans doute*

une nostalgie pour les certitudes de l'enfance ou pour les valeurs absolues de notre passé d'hommes primitifs. «Reconnaître la validité relative de ses convictions, disait un admirable écrivain contemporain, et pourtant les défendre résolument est ce qui distingue l'homme civilisé d'un barbare.» Exiger davantage procède sans doute d'un besoin métaphysique aussi profond qu'incurable; mais lui permettre de gouverner notre vie est le signe d'une immaturité morale et politique tout aussi profonde et bien plus dangereuse[1].

Avec cette conception, Isaiah Berlin se rapproche considérablement de la position de Freud (dont il n'appréciait ni la personne ni la théorie) : sa remarque sur la validité relative des valeurs comme signe de la maturité morale trouve un écho dans la conception du psychanalyste, pour qui le but de la thérapie pourrait être d'accéder à «plus de liberté psychique». Freud tout comme Berlin sont des défenseurs convaincus de la conception libérale selon laquelle l'époque moderne ne serait plus en mesure de donner une réponse définitive à la question du sens de la vie.

Personnellement, je ne crois pas non plus à l'existence d'un quelconque tour de magie grâce auquel nous pourrions être remboursés du prix dont nous devons nous acquitter pour notre liberté. Les solutions toutes faites qui circulent sur le marché n'y changent rien –, celles qui, comme

---

1. Isaiah Berlin, «Deux conceptions de la liberté», *op. cit.*

le techno-utopisme de transhumanistes tels que Ray Kurzweil[1], attirent par leurs promesses dans leur sillage des millions d'individus. Mon plaidoyer pour le monde occidental moderne conjugue les exigences sans compromis de Sigmund Freud et d'Isaiah Berlin consistant à refuser catégoriquement les doctrines illusoires de délivrance et les fondamentalismes de toute obédience. Dans le passage ci-dessus, Isaiah Berlin cite l'économiste et sociologue Joseph Schumpeter : « Reconnaître la validité relative de ses convictions et pourtant les défendre résolument est ce qui distingue l'homme civilisé d'un barbare. » Les propos de Schumpeter me paraissent aujourd'hui plus pertinents que jamais. D'une part, nous assistons à une renaissance de la barbarie, alors que des organisations terroristes comme Daech ou Boko Haram déstabilisent des régions entières du globe, qu'en Arabie saoudite des blogueurs et des intellectuels sont torturés et emprisonnés, que dans la majorité des régions hindouistes d'Inde ou qu'en Birmanie bouddhiste des musulmans se font massacrer. D'autre part, des auteurs tels que Michel Houellebecq, John Gray et David Foster Wallace ne cessent de souligner que les Occidentaux sont de moins en moins capables de gérer les responsabilités et les dilemmes existentiels

---

1. Pour une analyse exhaustive, voir Carlo Strenger, *La peur de l'insignifiance nous rend fous, op. cit.*, notamment les chapitres 2 et 3.

contemporains. L'idée que la liberté nécessite un effort ne suscite plus le moindre enthousiasme dans notre société. Faire des efforts pour évoluer sur le plan professionnel : oui; en sport, pas de problème. Mais pour la liberté et la sauvegarde des fondements civilisationnels nécessaires à leur maintien?

L'idée que la liberté s'épuiserait avec une pluralité de choix et que le bonheur nous reviendrait de droit a contribué à faire tomber en désuétude celle qu'il faut travailler sur soi pour devenir un individu autonome. Pourtant, cette idée-là n'est pas moins importante qu'à l'époque de son essor, au xixe siècle bourgeois et dans la première moitié du xxe siècle. Bien au contraire : dans le monde occidental, presque la moitié des jeunes adultes ont le privilège de faire des études supérieures; pourtant, ils semblent avoir oublié qu'une formation universitaire est aussi censée contribuer à l'éducation de la responsabilité civique.

L'histoire de l'Occident ne s'apparente nullement à une marche aussi victorieuse que linéaire de la vérité et de la justice. Jusque dans les années 1960, la ségrégation raciale était légale aux États-Unis; en Suisse, il a fallu attendre 1971 pour que les femmes aient le droit de vote; dans les années 1970, il subsistait des dictatures militaires en Europe. De nos jours encore, les abus sont légion : de Guantánamo jusqu'au commerce avec les dictatures africaines, de l'exploitation des ressources naturelles par des multinationales jusqu'aux conditions de travail inhumaines dans les ateliers clandestins chinois, où sont fabriqués nos smartphones et nos baskets. Aujourd'hui comme dans le passé, l'Occident est loin de satisfaire lui-même aux principes qu'il clame haut et fort.

Dès lors, l'histoire de l'ordre libéral doit se raconter avec tous ses dérives, biais éthiques, erreurs intellectuelles. Condorcet, Hegel, Marx, Spencer et tous ceux qui la présentent comme l'accomplissement inéluctable de la raison ont à tort interprété le mouvement des Lumières comme une doctrine destinée à résoudre une fois pour toutes l'ensemble des problèmes – ce que précisément l'ordre libéral ne peut et ne doit jamais produire. En revanche, il caractérise la tolérance à la critique et la volonté de s'amender grâce à la réalité empirique – un idéal que Karl Popper a qualifié de «société ouverte[1]». Le développement de l'ordre libéral ne doit donc en aucun cas être énoncé dans un style hagiographique ; il doit être narré en tant qu'aventure, avec pour objet la tentative permanente d'élaborer de façon sensée, juste et rationnelle la complexité de l'existence humaine – une tentative dont le résultat positif ne peut jamais être garanti. Le libéralisme peut également s'effondrer – ce que la première moitié du XXe siècle a illustré de la façon la plus terrible qu'il soit, et qui a rendu la mentalité de consommateur aussi

---

1. Karl Raimund Popper, *La Société ouverte et ses ennemis*, Paris : Le Seuil, 1979 [1945].

problématique. L'Occident tel que nous le connaissons ne survivra pas si ses citoyens croient que l'ordre libéral est une loi inéluctable de la nature, comme la gravité, et si la liberté d'action qu'il autorise n'est évaluée qu'à l'aune de l'évolution de carrière et des divertissements qu'elle offre. Au contraire, il nous faut éduquer la génération suivante de sorte qu'elle soit prête à en défendre les valeurs fondamentales.

Ces vingt dernières années ont été publiés quantité d'essais majeurs mettant en garde contre la tentation de jeter le bébé avec l'eau du bain, et plus précisément cet idéal d'éducation à la liberté. Jürgen Habermas, Martha Nussbaum, Charles Taylor, Peter Gay, Jonathan Israel et d'autres encore ont brillamment montré que la civilisation libérale ne peut être sauvée que si nous parvenons à transmettre aux étudiants les moyens intellectuels nécessaires pour leur permettre de s'approprier de manière critique la tradition occidentale. Ces auteurs soulignent que nous ne devons en aucun cas céder à l'impératif de la pensée néolibérale, qui évalue tout à l'aune de critères économiques, et qui conduit quantité d'étudiants à choisir des filières leur permettant de décrocher plus tard un emploi lucratif.

Qu'est-ce que le savoir? Qu'est-ce que la justice? Quels rapports entretiennent croyances et savoir? Qu'est-ce qui caractérise l'autorité légitime politique, religieuse ou scientifique? Et comment se prémunir contre la transformation d'une autorité en système totalitaire[1]? La transmission des fondamentaux de la civilisation libérale peut tout à fait s'intégrer dans un cursus universitaire, comme j'ai pu l'expérimenter moi-même en tant que maître de conférences depuis trente ans. Systématiquement, les étudiants me rapportent se sentir renforcés dans leur identité culturelle et politique après avoir suivi ce type d'enseignement, et avoir acquis les compétences intellectuelles nécessaires au débat critique sur ces questions. De plus, cet enseignement aboutit à ce que les étudiants ne considèrent plus l'ordre libéral comme un bien de consommation, mais comme un héritage qu'il nous faut sans cesse nous réapproprier si nous voulons relever les défis tels que le terrorisme, la baisse de la natalité ou les catastrophes écologiques.

Bien évidemment, un tel cursus est exigeant : les textes fondamentaux ne sont pas rédigés en langage SMS et en condensé version WhatsApp et Twitter ; l'approfondissement de la littérature sur le sujet nécessite une forme de concentration qui n'est plus évidente aujourd'hui. En outre, la

---

1. Ces interrogations ne se posent pas uniquement dans l'Occident chrétien, mais s'inscrivent aussi dans la grande tradition arabe de la pensée politique et philosophique du Xe au XIVe siècle. Outre ces traditions influencées par la culture hellénique classique se sont développés le confucianisme, qui imprègne encore aujourd'hui la pensée chinoise, ainsi que la philosophie indienne, qui présente de nombreuses similitudes avec la philosophie européenne, notamment celle de la Grèce antique.

confrontation de ces œuvres classiques présuppose un savoir sur le contexte historique, qui à son tour requiert beaucoup de temps et d'énergie intellectuelle. Dans la langue néolibérale de l'efficacité et de la croissance, un tel investissement peine à être justifié, dans la mesure où il n'induit aucun avantage professionnel ou gain de productivité direct. C'est pourquoi, partout dans le monde occidental, les sciences humaines sont actuellement prises pour cible. L'argument selon lequel la démocratie libérale dépend en définitive de la qualité du débat public qui, à son tour, résulte du niveau d'éducation des citoyens paraît souvent tout à la fois démodé et bien trop abstrait.

L'affirmation de Houellebecq selon laquelle l'Occident serait condamné, ou la crainte de Gray que nous soyons l'instrument de notre propre chute, ne peut être ni confirmé ni infirmé de façon apodictique. Pour autant, condamner le monde occidental moderne en raison de l'ampleur des problèmes auxquels il est confronté, ou penser qu'il se noie dans un océan de divertissement et de consommation démesurée, serait un leurre, dans la mesure où il n'y a jamais eu de garantie d'un *happy ending* à l'aventure de la liberté. Le libéralisme n'est pas une doctrine permettant l'avènement d'un paradis sur Terre. Compte tenu de la barbarie des autres solutions, je vois cependant dans l'aptitude à vivre avec les privations inhérentes à la liberté une magnifique conquête de la civilisation. Il dépend de nous de réussir à transmettre aux générations futures la capacité à supporter les souffrances de la liberté et à reconnaître toute la beauté que recèle l'aventure de cette même liberté.

TABLE

❖ l'esprit d'ouverture ❖

Collection codirigée
par Fabrice Midal et Françoise Triffaux

Tara Brach
L'Acceptation radicale, 2016

Dr Michael Breus
Quand ? Faites votre révolution chronobiologique et réalisez pleinement votre vie, 2017

David Burns
Bien ensemble. Comment résoudre les problèmes relationnels, 2010

Dana Caspersen
Reprendre la conversation. 17 principes pour sortir du conflit et se faire entendre, 2016

Yu Dan
Le Bonheur selon Confucius. Petit manuel de sagesse universelle, 2009
Le Bonheur selon Tchouang-tseu, 2015

David Deida
L'Urgence d'être. Zen et autres plaisirs inattendus, 2009

Norman Doidge
Les Étonnants Pouvoirs de transformation du cerveau. Guérir grâce à la neuroplasticité, 2008
Guérir grâce à la neuroplasticité. Découvertes remarquables à l'avant-garde de la recherche sur le cerveau, 2016

Stefan Einhorn
L'Art d'être bon. Oser la gentillesse, 2008

Robert Emmons
La Gratitude. Cette force qui change tout, 2008, rééd. 2018

Les Fehmi et Jim Robbins
La Pleine Conscience. Guérir le corps et l'esprit par l'éveil de tous les sens, 2010

Erich Fromm
L'Art d'aimer, 2015

Gerd Gigerenzer
Le Génie de l'intuition. Intelligence et pouvoirs de l'inconscient, 2009

Dr Michael Greger avec Gene Stone
Comment ne pas mourir. Les aliments qui préviennent et renversent le cours des maladies, 2017

Christopher Hitchens
dieu n'est pas Grand. Comment la religion empoisonne tout, 2009, rééd. 2018

Russell Jacoby
Les Ressorts cachés de la violence. D'Abel et Caïn à nos jours, 2014

Ursula James
La Source. Manuel de magie quotidienne, 2012

Jia Jiang
À l'épreuve du non. 100 jours d'un désopilant combat pour surmonter la peur du rejet, 2017

Thupten Jinpa
N'ayons plus peur. Oser la compassion peut transformer nos vies, 2016

Dan Josefsson et Egil Linge
Du premier rendez-vous à l'amour durable. Identifier ses problèmes relationnels, se libérer de l'insécurité

affective, vaincre la peur de l'engagement et construire enfin une relation durable, 2012

Jack Kornfield
Bouddha mode d'emploi, 2011
Une lueur dans l'obscurité. Comment traverser les temps difficiles grâce à la méditation, 2013
La Sagesse du cœur. La méditation à la portée de tous, 2015

Satish Kumar
Tu es donc je suis. Une déclaration de dépendance, 2010

John Lane
Les Pouvoirs du silence. Retrouver la beauté, la créativité et l'harmonie, 2008

Martha Lear
Mais où sont passées mes lunettes ? Comment gérer au quotidien les petits troubles de la mémoire, 2009

Roberta Lee
SuperStress. La solution, 2011

Takanori Naganuma
Prendre soin de son intestin. La méthode japonaise pour ouvrir les voies de l'intuition, retrouver l'énergie vitale et renouer avec le moi profond, 2016

Dzogchen Ponlop Rimpoché
Bouddha rebelle. Sur la route de la liberté, 2012

Richard David Precht
Qui suis-je et, si je suis, combien ? Voyage en philosophie, 2010

Amour. Déconstruction d'un sentiment, 2011
L'Art de ne pas être un égoïste. Pour une éthique responsable, 2011
Pourquoi j'existe ? Et autres leçons de philosophie pour les enfants curieux, 2014

Michael Puett et Christine Gross-Loh
La Voie. Une nouvelle manière de tout penser autrement, 2017

Todd Rose
La Tyrannie de la norme, 2017

Mark Rowlands
Le Philosophe et le Loup. Liberté, fraternité, leçons du monde sauvage, 2010

Gretchen Rubin
Opération Bonheur. Une année pour apprendre à chanter, ranger ses placards, se battre s'il le faut, lire Aristote... et être heureux, 2011

Sharon Salzberg
Apprentissage de la méditation. Comment vivre dans la plénitude, 2013
L'Amour qui guérit, 2015

Brenda Shoshanna
Vivre sans peur. Sept principes pour oser être soi, 2011

Adam Soboczynski
Survivre dans un monde sans pitié. De l'art de la dissimulation, 2011

Carlo Strenger
La peur de l'insignifiance nous rend fous. Une quête de sens et de liberté pour le xxie siècle, 2013
Le Mépris civilisé, 2016

Scott Stossel
Anxiété. Les tribulations d'un angoissé chronique en quête de paix intérieure, 2016

Chade-Meng Tan
Connectez-vous à vous-même. Une nouvelle voie vers le succès, le bonheur (et la paix dans le monde), 2014

Thich Nhat Hanh
Prendre soin de l'enfant intérieur. Faire la paix avec soi, 2014
Vivre en pleine conscience : manger, 2016
Vivre en pleine conscience : s'asseoir, 2016
Vivre en pleine conscience : marcher, 2016
Vivre en pleine conscience : aimer, 2016
Vivre en pleine conscience : se détendre, 2017
La Terre est ma demeure. Autoportrait d'un artisan de paix, 2017

Peter M. Wayne
Taï-chi : la méditation en mouvement. Une approche scientifique pour un art millénaire, 2014

Caroline Webb
Passer une bonne journée au bureau, c'est possible, 2017

❧ l'esprit d'ouverture ❧

Retrouvez-nous sur la page Facebook
de l'Esprit d'ouverture :

www.facebook.com/esprit.douverture

Inscrivez-vous à la newsletter : recevez des informations en avant-première sur les nouvelles parutions, découvrez nos coups de cœur et participez aux jeux-concours et autres surprises exclusives.

Connectez-vous sur :

www.espritdouverture.fr, rubrique newsletter.

Composition et mise en pages
Nord Compo à Villeneuve-d'Ascq

MIXTE
Papier issu de
sources responsables
FSC® C003309

FSC
www.fsc.org

Cet ouvrage a été achevé d'imprimer en janvier 2018
dans les ateliers de Normandie Roto Impression s.a.s.
61250 Lonrai
N° d'impression : 1705188

Imprimé en France